FRANCISCO DE PAULA VICTOR

Apóstolo da caridade

Luz do mundo

- *Antonio: palavras de fogo, vida de luz* – Madeline Pecora Nugent
- *Charles de Foucauld: o irmãozinho de Jesus* – Jean-François Six
- *Francisco de Paula Victor: apóstolo da Caridade* –
Gaetano Passarelli
- *Irmã Dulce: o anjo bom da Bahia* – Gaetano Passarelli
- *Irmão Roger de Taizé: uma esperança viva* – Christian Feldmann
- *João Leão Dehon: o profeta do verbo ir* – Pe. Zezinho
- *João Paulo II: um Papa que não morre* –
Gian Franco Svidercoschi
- *Lindalva Justo de Oliveira: a bem-aventurada filha da caridade* –
Gaetano Passarelli
- *Nhá Chica, perfume de rosa: vida de Francisca de Paula de Jesus* –
Gaetano Passarelli
- *Palavras-chave de João Paulo II* –
Renzo Agasso e Renato Boccardo
- *Paulo: apóstolo dos gentios* – Rinaldo Fabris
- *Rita de Cássia: a santa dos casos impossíveis: uma história de amor e ódio, de vingança e perdão* – Franco Cuomo
- *Santa Mônica: modelo de vida familiar* – Giovanni Falbo
- *Santo Agostinho: a aventura da graça e da caridade* –
Giuliano Vigini
- *São Martinho de Lima* – Giuliana Cavallini
- *Teresa de Ávila: mística e andarilha de Deus* – Bernard Sesé
- *Teresa de Calcutá: uma mística entre o Oriente e o Ocidente* –
Gloria Germani

Gaetano Passarelli

FRANCISCO DE PAULA VICTOR

Apóstolo da caridade

Dados Internacionais de Catalogação na Publicação (CIP)
(Câmara Brasileira do Livro, SP, Brasil)

Passareli, Gaetano
 Francisco de Paula Victor : apóstolo da caridade / Gaetano Passareli ; tradução Ronaldo Frigini. – São Paulo : Paulinas, 2013.
 – (Coleção luz do mundo)

 Título original: Francisco de Paula Victor
 ISBN 978-85-356-3502-7

 1. Sacerdotes - Brasil - Biografia 2. Victor, Francisco de Paula, Padre - 1827-1905 I. Título. II. Série.

 13-03847   CDD-282.092

Índice para catálogo sistemático:
1. Padres católicos : Biografia e obra   282.092

Título original da obra: *Francisco de Paula Victor*
© Gaetano Passarelli

1ª edição – 2013
2ª reimpressão – 2023

Direção-geral: *Bernadete Boff*
Editora responsável: *Maria Goretti de Oliveira*
Tradução: *Ronaldo Frigini*
Copidesque: *Mônica Elaine G. S. da Costa*
Coordenação de revisão: *Marina Mendonça*
Revisão: *Ana Cecilia Mari e Ruth Mitzuie Kluska*
Gerente de produção: *Felício Calegaro Neto*
Capa e diagramação: *Manuel Rebelato Miramontes*

Nenhuma parte desta obra poderá ser reproduzida ou transmitida por qualquer forma e/ou quaisquer meios (eletrônico ou mecânico, incluindo fotocópia e gravação) ou arquivada em qualquer sistema de banco de dados sem permissão escrita da Editora. Direitos reservados.

Cadastre-se e receba nossas informações
www.paulinas.com.br
Telemarketing e SAC: 0800-7010081

Paulinas
Rua Dona Inácia Uchoa, 62
04110-020 – São Paulo – SP (Brasil)
✆ (11) 2125-3500
✉ editora@paulinas.com.br
© 2010 Pia Sociedade Filhas de São Paulo

Ao Revmo. Padre Paolo Lombardo,
que me possibilitou conhecer
a nobre figura de Padre Victor.

SUMÁRIO

Apresentação 9
Introdução 11

Capítulo I 17
Capítulo II 29
Capítulo III 43
Capítulo IV 63
Capítulo V 73
Capítulo VI 85
Capítulo VII 101
Capítulo VIII 111
Capítulo IX 127
Capítulo X 139
Capítulo XI 157
Capítulo XII 171
Capítulo XIII 183
Capítulo XIV 193
Capítulo XV 205
História da Causa de Beatificação 219

Bibliografia 221
Biografias 227
Cronologia 229
Oração ao bem-aventurado Padre Victor 235
Associação Padre Victor 237

APRESENTAÇÃO

Francisco de Paula Victor nasceu em Campanha, MG, aos 12 de abril de 1827. Oito dias depois foi batizado por padre Antônio Manoel Teixeira. Filho da escrava Lourença Maria de Jesus, foi sua madrinha de Batismo a senhora Marianna Bárbara Ferreira.

Foi admitido ao seminário pelo bispo de Mariana, o servo de Deus dom Antônio Ferreira Viçoso, que desejava contribuir com a abolição da escravatura. O próprio prelado o apoiava e animava nos estudos.

No início, sofreu muito preconceito por parte dos colegas. Estes o humilhavam com piadinhas e o tratavam como serviçal. Victor foi se impondo ao respeito pela sua conduta íntegra e dedicação no processo formativo.

Ordenado aos 14 de junho de 1851, foi vigário paroquial em Campanha por onze meses. Enviado como pároco para Três Pontas, ali permaneceu por 53 anos, até a sua morte, aos 23 de setembro de 1905.

Zeloso na cura de almas, dedicava-se com ternura ao cuidado dos desvalidos e dos pobres, repartindo com eles as esmolas recebidas. Catequizou e instruiu o povo, edificando a escola Sagrada Família para crianças e jovens, em Três Pontas (MG). Ali se formaram, além de filhos de famílias humildes, personalidades ilustres, entre elas o primeiro bispo da Campanha, dom João de Almeida Ferrão.

Praticante das virtudes teologais e cardeais, foi exímio na humildade e vivenciou os conselhos evangélicos. A sua caridade para com o próximo o tornou popular. Sua fama de padre virtuoso espalhou-se para além do território da paróquia, sendo chamado para atender doentes bem longe dela.

A notícia do seu falecimento despertou comoção no povo que tanto o amava. Uma multidão passou pela igreja para se despedir do pastor. Após uma procissão, voltou à matriz que construíra para a sua derradeira morada. Sua lembrança perdura até hoje. O povo de Três Pontas o chama de "Anjo Tutelar".

O processo de beatificação foi aberto aos 16 de julho de 1993 e complementado em agosto de 1998. A Congregação das Causas dos Santos o aceitou em 2001. O Papa Bento XVI reconheceu a prática das virtudes heroicas aos 10 de maio de 2012. Aguardamos o estudo de uma cura por intercessão do Venerável, para que seja reconhecida como milagre e, assim, possamos celebrar a sua beatificação.

Num país em que muito se tem lutado para superar os preconceitos de raça e de cor, a causa de Padre Victor enche de coragem a todos que procuram levar vida justa e reta. Um santo negro, como o nosso Venerável Padre Victor, orienta-nos para Deus, que não faz acepção de pessoas, mas a todas acolhe com ternura e compaixão.

Campanha, 7 de janeiro de 2013.

† Frei Diamantino P. de Carvalho, ofm
Bispo da Diocese da Campanha

INTRODUÇÃO

Uso da bibliografia e das fontes

O modo como expusemos a biografia de Padre Francisco de Paula Victor poderia dar a impressão de havê-la romanceado e que, às vezes, ao dramatizar alguns episódios, se tenha dado asas à fantasia. Para afastar dúvidas, asseguramos desde já que, para fazer a fiel reconstrução da época, tivemos como base documentação em primeira mão; e somente para tornar mais fácil a leitura preferimos não dar ao texto um sentido carregado com notas de referência documental e bibliográfica. Todavia, toda a biografia é baseada em documentação conhecida e inédita, estudos e ensaios científicos. Pensamos, portanto, em citar, no final de cada capítulo, referências documentais e bibliográficas para permitir eventual comparação e aprofundamento.

Tivemos presente e nos servimos frequentemente de biografias já editadas, tais como: do Prof. JOÃO DE ABREU SALGADO, *Magnus Sacerdos, Cônego Francisco de Paula Victor. Preito à Sua Egrégia Memória* (Campanha), 1968 (= SALGADO); Mons. VICTOR RODRIGUES ASSIS, *Vida e Vitórias de Monsenhor Francisco de Paula Victor*, Tipografia Giovinazzo, São José do Rio Preto, 1973 (= ASSIS); e, por fim, de Mons. JOSÉ DO PATROCÍNIO LEFORT, *Padre Victor, o Campanhense Trespontano*, Diocese de Campanha, 1995 (= LEFORT). E também preferimos ter constantemente presente a *Biografia documentada* (= BD) da *Campanien. In*

Brasília beatificationis et canonizationis servi Dei Francisci de Paula Victor, sacerdotis diocesani (1827 – 1905), Positio super vida, virtutibus et fama sanctitatis, Roma, 2000, pp. 3-203. A escolha decorre do fato de que a *Biografia documentada* é confirmada não só pelas precedentes biografias, mas também, e sobretudo, utiliza toda a documentação e os testemunhos, recolhidos por ocasião do Processo Diocesano (v. § Estória da causa de Beatificação).

Na transcrição dos documentos foi respeitada a grafia original.

O nome de Victor

O Registro Civil das pessoas físicas no Brasil, instituído pelo Decreto n. 10.044, de 22.09.1888, entrou em vigor em 20.01.1889. Antes desta data, o nascimento era provado apenas pela certidão de Batismo. A partir de 1929 é que se começou a assinar um sobrenome; por isso, para a pessoa indicada, pode-se encontrar a sequência de um, dois ou três nomes, usados conforme a escolha.

Em relação ao nosso personagem, o certificado de Batismo registra: *Aos vinte de abril de mil oitocentos e vinte e septe o P. Manoel Antônio Tx^a de licença baptizou solenem.te a Francisco filho n.al de Lourença Maria de Jezus; forão padrinhos Felicianno Antônio de Castro por procuração que apprezentou seu Irmão José An.to de Castro, e D. Marianna de Santa Barbara Ferreira* (Arquivo da Cúria Diocesana de Campanha, Livro IX de Batizados [1825-1838], f. 62v; BD, 61). Tratava-se de um filho natural a quem foi colocado o nome de *Francisco*. Da ficha de ingresso no seminário de

Mariana (BD, 71) e do restante da documentação, constata-se que o nome *Francisco* não se referia a Francisco de Assis, mas a Francisco de Paula (1416-1507), um santo taumaturgo nascido em Paola, na Calábria, fundador da Ordem dos Mínimos, muito venerado na América do Sul e, em particular, em Minas Gerais. O segundo nome é *Victor*. Na Biografia Documentada (p. 61) deduz-se que possa ser o nome do escravo que o gerou; contudo, mons. LEFORT (p. 5) supõe que se tratasse do santo do dia em que foi batizado: São Victor, mártir de Braga (Portugal). Tanto ele como outros frequentemente têm preferido a forma *Vitor* ao invés de *Victor*.

No 5º *Annuário Ecclesiastico da Diocese de Campanha* (1943-1944), especialmente preparado pelo mons. José do Patrocínio Lefort, Chanceler do Bispado, à p. 20 se lê: *Con. Francisco de Paula Victor. É de Campanha. Foi batizado em 20 de abril de 1827 pelo P. Antônio Manoel Teixeira, com 8 dias de idade*. Não é possível saber de onde recolheu estes dados precisos, inclusive onde se baseia a precisão da data efetiva de nascimento: 12 de abril de 1827. De grande importância são os documentos relativos a sua presença no Seminário de Mariana e ao seu *curriculum* religioso, porque deles é possível fazer diversas afirmações precisas. Outras notícias foram conseguidas graças à descoberta no *Cartório de Registro de Imóveis* da Comarca de Três Pontas, quanto ao *Inventário (dos bens) de Padre Victor*. Confirma-se, assim, que Padre Victor teve um irmão, Emígdeo, nascido em 1831, filho da mesma mãe. E esse irmão teve três filhos: José Zacarias de Toledo, João Rodrigues Epiphanio e Emerenciana de Jesus Mafalda (v. BD, 62 e 64). Sobre o nome da mãe (Lourença Justiniana de Jesus) e da avó (Maria de Jesus), confira-se em LEFORT, 30, mas, sobretudo, a documentação reproduzida na BD, 71-73, relativa às indagações sobre família e às dispensas necessárias para ascender às Ordens sacras. De tudo isso, todavia, se falará ao final de cada respectivo capítulo.

As leis

Na leitura da biografia é bom ter sempre presente duas fontes legislativas – uma eclesiástica e outra civil –, vigentes no Brasil no século XIX, que se revestem de particular importância para compreender as contrariedades e a infinita constância que caracterizaram a existência de Padre Victor (motivo pelo qual mons. Victor Rodrigues Assis intitulou a sua biografia de *Vida e Vitórias*):

a) nas *Constituições Primeiras do Arcebispado da Bahia* – publicada em 1707 – ficou estabelecido que não se poderia ascender às Ordens sacras se não fosse filho "legítimo havido de legítimo Matrimonio"; se fizesse parte "da nação hebraica, ou de qualquer outra (raça): ou negro ou mulato"; se fosse "escravo, e sem autorização de seu patrão" (vide, dom Sebastião Monteiro, *Constituições Primeiras do Arcebispado da Bahia* [Impressas em Lisboa no ano de 1719, e em Coimbra em 1720]. São Paulo, Tipogr. 2 de dezembro, 1853, Livro I, Título LIII, n. 224, pp. 93-94; cf. BD, 65);

b) a primeira Constituição Brasileira, sancionada pelo imperador Pedro II em 22 de abril de 1824, estendia a instrução educacional a todos os cidadãos (Tit. 8º, art. 179, inciso XXXII: "a Instrucção primária, é gratuita a todos os cidadãos"); fala-se em "cidadãos", isto é, todos os que usufruíam dos direitos civis, excluídos os escravos. Especificamente, pois, para a Província de Minas Gerais estava sempre em vigor uma lei editada pelo Trono português (27/01/1726), que proibia aos homens negros ocupar cargos ou empregos públicos, sejam civis ou eclesiásticos (v. EQUIPE DE RELIGIOSOS NEGROS, *Vocação ao som dos atabaques; cartilha para ajudar as Congregações religiosas no serviço de animação vocacional popular*, Vozes, Petrópolis, 1993, *passim*; PS, *Informatio*, 12 n. 11; BD, 66).

Na biografia será feita alusão frequente a essas leis, sem, todavia, transcrever o documentário, o qual segue, em geral, em anotações individuais no final dos capítulos.

CAPÍTULO I

– Hahaha! – mestre Ignácio não parava de rir.

– O que você pensa ser? – perguntou-lhe, já pronto para repetir a risada. Uma risada forçada.

– Um padre – respondeu Victor, com os olhos arregalados de felicidade.

– Hahaha! – tornou a gargalhar mestre Ignácio, e voltando o olhar para os outros alunos e empregados: – Escutaram... escutaram bem o que ele quer ser?... Um padre!... Ele falou com convicção! – e voltou a rir.

Os alunos e todos os empregados, interrompendo o que estavam fazendo, resolveram participar daquela insólita alegria do mestre. A alfaiataria transformou-se num riso em coro. E ainda acrescentaram algum comentário dito a meia boca, como a atiçar o momento engraçado.

Foi uma humilhação para Victor. Se estivesse nu no centro da praça, teria sentido menos vergonha.

Havia confiado em voz baixa o que sentia em seu íntimo, mas, ao contrário, foi alardeado a todos, com sarcasmo. Levantou os olhos para o mestre com um misto de estupor e de tristeza e, quando se arriscou timidamente a perguntar: "Por quê?", mestre Ignácio imediatamente ficou sério, olhou-o diretamente nos olhos e, apontando o dedo para seu rosto, disse:

– Lembre-se, rapaz! No dia em que você for padre, as minhas galinhas terão dentes.

17

E tornou a rir, feliz por aquela gota de sabedoria que havia dito, e em seguida, passando os olhos por todo o estabelecimento, continuou em tom áspero:

— Não se esqueça de que quem é escravo, é escravo, e basta! Não tem nenhum direito!... Entre as palavras que você pode dizer não está o verbo "quero"! Não existe... entendeu? Quem é escravo deve fazer somente a vontade de seu dono. Está me entendendo? — e voltando-se para os empregados, disse: — Fiquem sempre de olho nele, por sua conta e risco!

E continuando com tom irônico, cheio de sarcasmo, como se apresentasse um monólogo no teatro:

— Já que não entendeu que teve sorte de aprender o alfabeto, o que vai fazer? Pensa que é instruído! E ainda se comporta como uma pessoa livre!... Tão livre que escolhe fazer uma coisa considerável... Faça-me o favor! Vocês escutaram o que ele disse? Mas vejam só, quer tornar-se padre!... e por que não pensa em tornar-se, oh, talvez bispo?!

Victor era um rapagão negro, muito negro, por isso que todos, a começar pelo mestre, não podiam ver o rubor que o havia tomado, de cima dos cabelos até as unhas dos pés.

O que o feria não era tanto a humilhação de ser lembrado que era um escravo, mas de haver descoberto quanta estupidez e quanta raiva existiam no corpo daquele homem, aparentemente pacífico e gentil, apesar de ser um pouco carrancudo.

Durante todos aqueles anos tinha sido um aluno modelo: aprendera a alinhavar, a costurar, e dado prova também de ter feito tesouro dos ensinamentos no corte de tecidos... nunca recebera um elogio! Mas isso não tinha importância.

Estava afeiçoado àquela figura do mestre, considerando-o quase um pai, aquele pai que nunca conhecera, até que tomou a decisão de confidenciar-lhe uma coisa com a qual sonhava. Revelara-lhe um sentimento muito íntimo, uma aspiração nutrida cuidadosamente desde criança, e ele o havia ridicularizado sem parar! A fé e a confiança haviam desaparecido naquele modo sarcástico.

Assim, num só momento, foram-lhe retiradas a esperança e a ilusão de um sonho; e a dura realidade, como uma lâmina afiada, havia-lhe machucado o coração, fazendo-o sangrar como nunca fora capaz.

Aqueles olhos que, nos seus profundos traços negros, até aquele momento tinham brilhado de alegria, de vivacidade, de felicidade de viver, como dois faróis na noite, apagaram-se. Sentia-se paralisado, incapaz de dizer uma só palavra.

No entanto, mestre Ignácio, como se estivesse se divertindo em repreendê-lo por meio de discursos, diante de uma plateia de sábios incapaz de contrariá-lo, que só poderia aplaudi-lo no final, continuava a praguejar:

– Agradeça ao Pai Eterno que dona Marianna não o mandou para a roça como todos os outros! Foi muito boa na sua fé, pobrezinha!

Na certeza de que toda a alfaiataria estava parada para escutá-lo, ordenou:

– Vamos, já perdeu muito tempo: ao trabalho! – e com raiva bateu a vara sobre o balcão, provocando um barulho muito forte que fez tremer os empregados.

Cada um deles tinha inclinado a cabeça sobre o trabalho que estava fazendo. Victor recomeçou a alinhavar o paletó que lhe fora entregue, evitando também de chorar para não cair as lágrimas sobre o tecido e provocar ainda mais aquela raiva inesperada do mestre. Para dizer a verdade, tanto era a dor que sentia no peito, que nem sequer tinha força de chorar.

Na alfaiataria reinava um silêncio medonho. Não se percebia voar uma mosca. A raiva de mestre Ignácio, no entanto, cada vez mais aumentava e parecia que procurava um pretexto para desafogá-la.

Enquanto resmungava, terminava sempre com uma frase conclusiva:

– Padre!... Mas, então, eu pergunto: já se viu um negro com batina?

Victor, nessa hora, pensando simplesmente em responder ao mestre, do modo mais respeitoso possível, recordou-lhe que na igreja havia as estátuas de São Benedito de Palermo e Santo Antônio de Categeró, que foram dois escravos, tornaram-se freis e, depois, santos...

– São Benedito trazia também Jesus menino nos braços – concluiu.

O homem olhou-o com escárnio:

– Ah! Aqueles santos que estão na igreja do Rosário? Claro, onde poderiam estar? Existe lá alguma coisa de branco?

O rapaz não abaixou os olhos, mas, continuando a olhá-lo de frente, respondeu:

– Estão em meio a Santo Antônio de Lisboa, que é branco, e à Mãe de Jesus criança, os dois também brancos...

– Ah, sim? – voltou-se mestre Ignácio, irônico. – Com certeza, essa bela gente negra não era destas bandas...

– Não, mestre, como dizem os seus nomes, eram de duas cidades italianas... seus pais eram escravos, e eles também eram escravos... – Victor retomou esperançoso, não se importando com o modo de concordar cheio de ironia daquele homem. – Sim, mestre, eram dois escravos negros... na Itália os chamam mouros... eles confiaram naquilo que não se podia esperar. Acreditaram no impossível e... conseguiram se transformar em santos!

– Ah, sim? – continuava zombeteiro o mestre. – Mas, veja... veja... quanta coisa você sabe! Um dia, se não os seguramos pelo cabresto, farão para vocês um Jesus Cristo negro!

– Mestre, em Monteserrat, na Espanha, já existe Nossa Senhora com uma criança negra...

– Basta! – gritou mestre Ignácio, batendo a vara sobre o balcão.

Victor estremeceu, mas ficou firme com os olhos fixos no mestre. Era um olhar bondoso de um menino que procurava o reconhecimento por ter demonstrado saber tantas coisas, mas o outro, que buscava encontrar apenas um pretexto, não o interpretou assim: era uma afronta imperdoável!

Mestre Ignácio, com aquelas explicações que Victor havia dado, sentiu-se diminuído aos olhos dos empregados, como se eles o considerassem ignorante.

Ferido em seu orgulho, tinha-se tornado pálido e, tomando aquela atitude como uma ofensa, um grave ataque a sua lesa majestade, deu-lhe com a vara na cabeça. Foi tomado de um impulso incontrolável e continuou a golpeá-lo furiosamente.

Na tentativa de proteger a cabeça e o rosto daqueles golpes, Victor deixou cair o seu trabalho no chão. Uma razão a mais para aumentar a ferocidade daquele homem:

– Pegue o pano! – gritou imediatamente mestre Ignácio. – Ponha-o sobre a mesa! Já!

Tão logo o rapaz se colocou de pé e estando com as mãos ocupadas, deu-lhe um golpe no rosto. Pretendia, com isso, tanto demonstrar claramente a todos ser um homem intransigente, como levar ao extremo a provocação para que o jovem reagisse ou, ao menos, tivesse apenas um sinal de reação.

Victor era alto como o mestre, mas muito mais forte; poderia realmente dominá-lo, mas a provocação e os golpes não tinham causado nele nenhuma reação, por pequena que fosse. Isso provocou ainda mais a raiva do homem, porque, dessa forma, se o tivesse acusado de rebelião, ninguém teria colocado em dúvida a sua palavra, e recuperaria o quanto antes a boa fama diante dos alunos e dos empregados, que até aquele momento o consideravam um homem justo.

Nessa hora, mestre Ignácio, olhando-o com uma ferocidade nunca vista, deu-lhe outro soco violento no rosto e lhe determinou:

– Vá embora daqui! Fora imediatamente desta casa e não volte nunca mais! Mandarei chamar dona Marianna e lhe direi que cobra está ajudando! Fora!

E, brandindo o chicote como um espeto apontado para Victor, acompanhou-o até a rua, desferindo-lhe ainda uma última e terrível chicotada pelas costas.

A alfaiataria com a casa do mestre Ignácio Barbudo localizava-se numa estrada (hoje rua Saturnino de Oliveira), pela qual se encontrava a mais antiga e importante Rua Direita.

Alguns que passavam por ali assistiram àquele acontecimento e olhavam com repugnância, pensando sem sombra de dúvida ter sido justa a reação do mestre, diante talvez da incontável insubordinação de um escravo.

Victor, ferido pelos golpes recebidos, estava atordoado e andou cambaleando até a igreja de Nossa Senhora das Dores. Ali entrou. Procurou se esconder num lugar ao fundo e lá ficou como um cão ferido.

Estava totalmente transtornado pela repreensão recebida. Era a primeira vez que tinha sentido sobre si toda a fúria de um homem branco. Na sua mente, ressoavam vivas as expressões de raiva daquele homem. Não conseguia entender como uma coisa assim tão bela em que acreditava fosse capaz de provocar tanta violência.

Não conseguia parar de chorar, não conseguia rezar, não conseguia dizer nada àquela Mãe das Dores que estava à sua frente.

O que fazer? Naqueles anos a madrinha havia-lhe pagado todas as despesas para aprender a profissão de alfaiate na oficina da casa do mestre Barbudo... e agora se encontrava no meio da rua.

Mestre Ignácio não iria mais aceitá-lo, e mesmo que o fizesse, seria igualmente um inferno.

Bem devagar, quase se arrastando, Victor percorreu a Rua Direita até o final, que o levaria para fora da cidade, uns dez quilômetros até a Fazenda Conquista, vizinha ao ribeirão Barreto, de propriedade de dona Marianna Bárbara Ferreira, onde trabalhava a mãe Lourença.

Agia instintivamente como alguém que, no momento do perigo, procura logo um lugar onde possa encontrar refúgio.

Encaminhando-se para a roça, porém, começou a pensar que, se continuasse, chegaria à fazenda e se apresentaria à madrinha, que também era sua proprietária, e lhe contaria tudo, mas ela... ela acreditaria? Por maior carinho que pudesse sentir por ele, como levaria em conta a sua palavra contra a palavra de um homem branco, especialmente o mestre? A sua palavra era a de um negro, um escravizado!

Passavam por sua mente tantas imagens bonitas que outros rapazes como ele, nascidos na fazenda, não tinham visto. Sim, havia tido muita sorte, mas em um momento tudo desaparecia como fumaça ao vento.

A esperança, que até aquele momento o tinha impelido a continuar caminhando, começou a vacilar, e à medida que prosseguia se esvaía sempre mais. O seu pensamento começou a gerar monstros acusadores. Caminhava quase mecanicamente, por momentos corria, enquanto seus olhos pareciam duas fontes. Eis que a fé, que a "dona madrinha" havia depositado nele, transformara-se na sua acusadora. Que outra coisa merecia senão ser mandado trabalhar nos campos? E repetia a si mesmo: "Madrinha, minha adorada, a senhora me ajudou tanto e eu coloquei tudo a perder!... porque a senhora me ensinou a sonhar... me ensinou a crer no impossível... mas tem razão mestre Ignácio: quem nasce escravo não pode morrer senão escravo... o sonho não é a realidade!".

O desespero se apoderou dele. Agachou ao pé de uma árvore e passou a refletir. Pensou em esconder-se na mata, encontrar algum grupo de escravos rebeldes. "Não, a madrinha não merecia isso!", falava consigo mesmo em voz baixa, como se o som de suas palavras pudesse expulsar aquele pensamento inoportuno.

Então, num repente, disse a si mesmo: "Sim, existe uma solução!", como se o cérebro tivesse encontrado finalmente a solução certa e definitiva para algum mal. Seus músculos se enrijeceram, levantou-se e, com frieza, olhou ao longe como se tivesse uma miragem. Veio à sua mente ir até um precipício que havia por perto e ali terminaria de uma vez por todas...

Num instante teve diante de si o vulto da mãe desesperada, sentiu claramente o seu pranto; viu a madrinha que o olhava e repetia: "Que desilusão a minha de tê-lo ajudado!".

O irmãozinho Emígdeo... todos os que o conheciam, e também aqueles que tinham inveja dele começaram a rodeá-lo, apontando-lhe o dedo em sinal condenação; e no fundo... ao longe, via também Jesus Cristo, acompanhado de São Benedito de Palermo e Santo Antônio de Categeró...

Victor parou: "Jesus, acredita em mim, de verdade?... Acredita em mim?... O que eu fiz de mal? Merecia toda aquela maldade? Por quê? Ajuda-me...!". E novamente começou a chorar.

Naquele momento de trevas, quando o fio de esperança parecia perder-se completamente, deu-lhe, ao contrário, um pequeno sinal: ainda estava viva!

"Vou procurar a madrinha", pensou, "ajoelharei a seus pés e lhe pedirei perdão... E lhe direi: Faz de mim o que bem entender, não sou digno de sua confiança!"

Enxugou as lágrimas e, decidido, voltou a caminhar rumo à fazenda.

Ele, entretanto, esperava e esperava sempre.

Notas bibliográficas

Sobre a infância e juventude de Padre Victor, existem pouquíssimas notícias, e não poderia ser diferente. Felizmente algum episódio, provavelmente contado pelo próprio Padre Victor, foi transmitido pela tradição oral, de modo que foi registrado por biógrafos e pela *Biografia documentada*, como o mencionado neste capítulo (cf. LEFORT, 6-8; BD,

62-63 § 4). Para o restante, nos baseamos na literatura da escravidão brasileira em geral, como, por exemplo: GARCIA DE OLIVEIRA, L.; PORCARO, R.; ARAUJO, T. *O lugar do negro na força de trabalho*, Rio de Janeiro, 1985; MARINHO DE AZEVEDO, C., *onda negra, medo branco: o negro no imaginário das elites, século XIX*, Rio de Janeiro, 1987.

A devoção dos escravos brasileiros para com os santos negros Benedito de Palermo e Antônio de Categeró – este, porém, nunca canonizado – é de grande interesse aos estudos de Alessandro DELL'AIRA, O santo negro e o rosário: devoção e representação, in: *O santo patrono e a cidade. São Benedito, o Negro: cultos, devoções, estratégias da idade moderna*, Marsílio, Veneza, 2000, 164-182; IDEM, O navio da Rainha e do Santo escravo do Mediterrâneo ao Brasil, in: *L'esclavage em Méditerranée*, Centre de La Méditerranée Moderne ET Contemporaine, Université de Sophia Antipolis, in: *Cahiers de La Méditerranée. L'Esclavage em Méditerranée à l'Époque Moderne* 65 (2002); IDEM, St. Benedict from San Fratello (Messina, Sicily): Na Afrosicilian Hagionym on Three Continents, in: *Names in Multi-Lingual, Multi-Cultural and Multi-Ethnic Contact*, York University, Toronto, 2008, 284-297; com muito proveito se pode consultar a enorme bibliografia elaborada por Benedetto IRACI, *Bibliografia sobre São Benedito, o Mouro: obras editadas, inéditas e manuscritas sobre São Benedito, o Mouro*, Melegnano (MI), Montedit, 2009; também a biografia de Salvatore GUASTELLA, *Santo Antônio de Categeró*, Paulinas, Alba, 2008, e o texto de ROCHA MANOEL RIBEIRO, *O etíope resgatado, empenhado, sustentado, corrigido, instruído, libertado: discurso teológico-jurídico sobre a libertação dos escravos no Brasil*

(1758), organizado por PAULO SUESS, Petrópolis, Vozes; São Paulo, CEHILA, 1992.

Para as notícias sobre a cidade e as igrejas de Campanha, utilizamos o volume de mons. JOSÉ DO PATROCÍNIO LEFORT, *Cidade da Campanha, Monografia Histórica*, Belo Horizonte, MG, Imprensa Oficial, 1972.

Para intercalar o fechamento dos capítulos escolhemos: "Ele, entretanto, esperava e esperava sempre", frase retirada de *Minhas recordações*, de FERREIRA (p. 173; cf. BD, 69).

CAPÍTULO II

Victor caminhava pela estrada de terra pela qual se chegava à fazenda, quando escutou o trote de um cavalo. Por precaução, escondeu-se atrás de um arbusto de onde podia ver tudo, sem ser visto.

Logo depois reconheceu a charrete com dona Marianna que se dirigia para a Fazenda Conquista. Victor estremeceu. De onde se encontrava podia vê-la numa grande distância. Não teve coragem de sair de onde se achava escondido.

Dona Marianna, já com mais de cinquenta anos, desde quando falecera seu amado Liberato, de hidropisia, alguns anos antes, vestia-se completamente de preto, evidenciando com isso o seu rosto branco levemente perfumado. Era uma mulher de estatura mediana, magra. Não era muito bonita, pois tinha traços severos que faziam transparecer que se tratava de uma mulher decidida e firme. Sob sua roupa própria de mulher, vestia uma calça masculina e normalmente calçava botas.

Sua família, por brincadeira, a chamava de "macho", porque desde criança era acostumada a cavalgar e nunca havia permitido que nenhum escravo dirigisse a charrete por ela, a não ser no dia em que se casou. Não tinha preconceitos racistas como grande parte dos imigrantes portugueses. Ela teve muitos pretendentes de Campanha e também da alta sociedade da época, mais afortunados que ela, mas, em 1811, aos dezesseis anos de idade, dona Marianna Bárbara Ferreira decidiu que o homem de sua vida era o índio Liberato

José Tibúrcio, cinco anos mais velho, tendo sido inúteis os argumentos e ameaças que lhe foram feitas.

Certamente isso não lhe permitiu participar dos bens da família do tanto que teria direito, mas o que recebeu possibilitou-lhe uma vida folgada, ainda que não fosse rica. Um ano depois deu à luz seu único filho, Antônio José Tibúrcio.

A sua escrava preferida chamava-se Lourença Maria de Jesus, filha de Maria de Jesus, nascida em meio a sua família. Em 12 de abril de 1827, Lourença teve um filho natural e em 20 de abril dona Marianna tornou-se madrinha do menino, que veio a ser chamado Francisco. Tratava-se, todavia, não de São Francisco de Assis, mas de São Francisco de Paula, que era tão venerado entre os escravos. O nome foi completado com Victor, o santo mártir das terras de Braga, de onde se originava a família Ferreira. Dos dois nomes, a preferência foi por Victor, e assim a criança passou a ser chamada.

Dona Marianna, quando se propunha a alguma coisa, fazia com seriedade, tanto que, decidida a ser a madrinha daquela criança, desempenhou seu papel verdadeiramente.

Victor era bem negro e robusto. Nunca foi bonito, mas era muito esperto. Dona Marianna, além da obrigação de madrinha, sentia uma forte atração e quando, três anos depois, Lourença deu à luz seu segundo filho, Emígdeo, quis que o afilhado ficasse entre os criados da casa.

Tendo percebido que a criança era muito esperta, a "dona madrinha" deu ordens ao professor de seu filho Antônio para que a ensinasse a ler e a escrever. O professor observou que, embora se tratasse de seu afilhado, seria sempre um escravizado, por ser negro, e as leis...

Dona Marianna deu uma sábia demonstração de como pensava:

— Nesta casa o patrão é um índio, a patroa é branca, o filho é mestiço... somos todos criaturas de Deus! Ou não? – concluindo, sem meio-termo, que na sua fazenda a lei era ela!

O professor, muito embaraçado, acabou se desculpando, mas, como era um homem de certa cultura, procurou dar um sentido diferente a sua observação:

— Dona Marianna, não foi minha vontade fazer esse comentário, não me permitiria isso, mas apenas um convite a refletir sobre essa escolha. Trata-se, sem dúvida, de um gesto nobre, mas tenho preocupação com a futura infelicidade desse menino!

A mulher olhou-o, admirada.

— Sim, dona Marianna, a instrução introduz no homem a consciência do que pode ser, gerando nele uma insatisfação... me explico: esse menino estudará, terá consciência de sua capacidade não só física mas sobretudo intelectual... mas é um escravizado e, ainda que fosse alforriado, seria sempre um negro que, segundo a lei, não pode isto, não pode aquilo, não deve vir aqui, não deve ir lá, e seu sofrimento será grande. Escute-me, dona Marianna, desista, mande-o à roça, é bem forte, no máximo encaminhe-o a uma profissão, mas não o faça estudar.

A mulher, depois de refletir longamente, disse-lhe decidida:

— Ensine-o a ler e a escrever.

Victor conseguiu, assim, aprender a ler e a escrever, mas demonstrava interesse em saber sempre mais, o que deixava dona Marianna muito feliz. O rapaz, embora tivesse se tornado bem culto, não se eximia dos trabalhos que lhe impunham, pois tinha plena consciência de que era um escravizado, sempre disponível ao que a madrinha patroa "adorada" lhe determinasse. Foi assim que, aos quinze anos, dona Marianna pensou mandá-lo ao comércio do mestre Ignácio Barbudo para tornar-se um alfaiate. Com certeza, na escola do melhor alfaiate da cidade, um rapaz assim tão inteligente se tornaria um alfaiate capacitado. E naqueles três anos Victor demonstrou ser um aluno perfeito...

Estes eram os pensamentos de dona Marianna, quando viu entrar na casa Victor, deprimido como um cão abandonado.

– O que você faz aqui? – perguntou-lhe com um misto de alegria e preocupação.

O jovem nada respondeu, apenas se ajoelhou diante de dona Marianna com a cabeça baixa e com a voz profunda começou a repetir de modo convulsivo:

– Perdão, madrinha... perdão, madrinha!

– Levante-se! E diga-me, por que está aqui?! – perguntou secamente a mulher. – O que significa "perdão"? O que você fez?

Victor levantou-se e, mantendo sempre a cabeça baixa, contou-lhe tudo o que tinha acontecido com mestre Ignácio. E concluiu:

— Madrinha, juro que esta é a verdade, mas a minha palavra é de um escravizado negro...

— Cale-se! — interrompeu-o. — Fique quieto! — Os traços da mulher estavam completamente rígidos. Começou a observá-lo em silêncio, e depois de um bom tempo: — Tem certeza de que você não teve nenhuma reação? — perguntou secamente.

A cada resposta o jovem caía novamente de joelhos e dizia entre lágrimas:

— Eu juro madrinha... eu juro!

Dona Marianna deixou-o de joelhos no meio da sala, enquanto foi sentar-se numa poltrona. Os seus olhos negros tornaram-se dois tições em chamas. Quando a patroa assumia aquele aspecto, era melhor ficar a distância. Os criados, de fato, tornaram-se invisíveis. Naquele silêncio pesado, o tempo parecia infinito.

Depois de um tempo que pareceu interminável, ela disse:

— Levante-se! — e mudando de tom: — Aproxime-se! Então você quer tornar-se padre? Responda-me.

Victor, aproximando-se, como uma criança medrosa, balançou a cabeça concordando:

— Se a minha madrinha permitir...

— Por que a tua madrinha não deveria permitir? — respondeu dona Marianna, depois de dar um suspiro profundo: — Você está mesmo seguro disso?

— Sim, madrinha, se a senhora me ajudasse...

– Ah, não serei eu a criar-lhe dificuldade, mas as leis deste nosso estranho mundo... Contudo... – e com o semblante de uma gata que está prestes a mostrar as garras, como se costuma dizer, declarou: – Será preciso combater? Combateremos! Filho, porém, digo desde já que as humilhações não diminuirão, antes, esteja preparado. Agora vai até sua mãe na senzala... amanhã volta porque quero que corte uma roupa para Santo Antônio; certamente à noite ele me dará conselhos... devo pensar, eu preciso pensar.

Victor parecia um morto que acabara de ressuscitar. Pegou-lhe a mão, beijou-a, e mesmo já estando longe se ouvia seu agradecimento.

No dia seguinte, dona Marianna observou que a roupa de Santo Antônio havia sido feita com muito cuidado e maestria. Cheia de satisfação, disse-lhe:

– Filho, pensei em ir falar com o velho vigário, padre Antônio Felipe de Araújo. É um homem rigoroso, mas muito preparado. Confio que ele poderá indicar-me o caminho certo para que o seu desejo possa realizar-se.

E, como era seu costume, não esperou muito. Uma bela manhã, fez Victor sentar-se ao seu lado na charrete e foram para a cidade.

Por todo o trajeto os dois não trocaram uma só palavra, permaneceram envolvidos com seus pensamentos. Depois de alcançar uma colina, de onde avistaram os dois campanários da igreja matriz, dedicada a Santo Antônio, e à volta, como um rebanho, estavam as casas daquela que já se tornara a cidade de Campanha.

Em 1709, de fato, ocorreu a separação da Capitania de São Paulo e Minas do Ouro da Capitania do Rio de Janeiro, e onze anos depois, por sua vez, a Capitania de Minas assumiu sua autonomia em relação a São Paulo. Nessa época, as terras de Minas começaram a ser invadidas pelos chamados *bandeirantes* (exploradores), à procura de ouro e diamantes. A região da Mantiqueira, do lado mais alto da bacia do Rio Grande, perdera particularmente esse objetivo, já que no ano de 1737 aventureiros de todo tipo haviam implantado culturas e iniciado a criação de gado. Circulavam notícias de que fora solicitado ao Governador da Capitania o envio de uma inspeção. O encarregado, o auditor Cipriano José da Rocha, inspecionou as atividades clandestinas nas minas de Rio Verde e Sapucaí, e, escrevendo seu relatório, informou a existência de um *arraial* (vila) habitado por 3 mil brancos e 7 mil negros, que chamou *São Cipriano*, embora o nome usado pelos moradores fosse *Arraial de Santo Antônio do Vale da Piedade da Campanha do Rio Verde*.

A data desse documento, 2 de outubro de 1737, passou a ser considerada como aquela em que foi descoberta e o dia do aniversário da cidade.

Encontrando-se em uma posição política, administrativa e socialmente elevada, em 1795, alegando motivos de ordem superior e o fato de que Campanha e São João Del-Rei distavam quase 170 km, os habitantes pediram à Rainha de Portugal, dona Maria I, a promoção do *arraial* à categoria de *vila* (vilarejo). Assim, três anos depois, foi dado o nome de *Vila da Campanha da Princesa*, em homenagem a Carlota Joaquina, então com 13 anos e havia pouco casada com o príncipe de Beira, dom João, mais tarde rei João VI. No mesmo ato foi nomeado o primeiro juiz *de fora*, com jurisdição sobre toda a *vila*. Completava-se, assim, naquela época, a emancipação política seguida da criação da Circunscrição Judicial de *Campanha da Princesa*.

Em sinal de gratidão por esse gesto magnânimo da Rainha, *Campanha da Princesa* decidiu mandar anualmente a terça parte do ouro extraído para cobrir suas despesas pessoais. Com esse gesto, foi conquistada de tal modo a simpatia do Príncipe Regente, a ponto de, na disputa pela delimitação das divisas com São João Del-Rei, para Campanha foi reservado um vasto território, compreendendo todo o sul de Minas.

Em 1840, ano em que morreu Liberato José Tibúrcio, marido de dona Marianna, quando Victor havia começado a praticar no comércio de mestre Ignácio Barbudo, *Campanha da Princesa* foi elevada à categoria de cidade juntamente com Minas Novas, Barbacena e Paracatu, adquirindo com isso o direito de figurar entre as dez cidades de Minas daquela época e de ser a primeira do sul.

Bernardo Jacintho da Veiga, na época presidente da Província de Minas Gerais, aboliu do nome da cidade o vocábulo *da Princesa*, porque dona Carlota Joaquina não era digna daquela homenagem não só por sua conduta moral, mas, sobretudo, porque era anticonstitucionalista, chegando realmente a tramar um golpe de Estado contra o marido, rei João VI, a 30 de abril de 1824 (*abrilada*).

Chegando a Campanha, dona Marianna dirigiu-se diretamente à casa do velho vigário, padre Antônio Felipe de Araújo. O ancião acolheu-a com muita cortesia, mas quando percebeu o sentido da visita, depois de dar uma olhada em Victor, disse:

– Dona Marianna, deixe para lá... as coisas são muito grandes para nós. Poderemos lutar sem, todavia, conseguir tirar uma aranha do buraco, se não mudar a legislação tanto religiosa como civil... pense somente que, se não é filho legítimo, nascido de matrimônio legítimo, não se pode ser ordenado sacerdote... e ele não o é... pois é negro... – e então, como um rosário, elencou-lhe as várias leis e disposições que necessitava contrariar para conseguir o objetivo, concluindo:
– É melhor não perder tempo com isso e para não amargar ainda mais a vida desse rapaz!

Depois de pensar e repensar sobre aqueles argumentos, dona Marianna não pretendia dar-se por vencida:

– Mas o senhor... – no momento que saía – ... o senhor, padre Antônio, está disponível a ensiná-lo?

O ancião olhou-a quase perplexo:

– Como é que é, dona Marianna?

A mulher percebeu que podia convencê-lo:

– Diga-me quanto custará para dar ao rapaz um bom ensino cultural... O que será ele no futuro? Isto só Deus sabe... Agora me interessa apenas saber se o senhor está disponível.

Padre Antônio concordou e, depois de pensar um pouco, disse:

– Podemos começar na próxima semana. Faça-o vir duas vezes por semana. Eu o examinarei para saber de onde começar e lhe comunicarei.

Depois, enquanto se despedia, tocando com a mão a cabeça, concluiu:

— Dona Marianna, com um pouco de paciência, poderemos ter uma palavra de apoio de nosso bispo, dom Viçoso. Ele anunciou a Visita Pastoral a Campanha para o próximo mês. Ele é um homem sem preconceitos, um abolicionista convicto, muito esclarecido... Em suma, creio que poderá dar a orientação certa.

Victor não cabia mais em si. Partiu da fazenda antes que amanhecesse para chegar bem cedo à casa de padre Antônio. A vontade de aprender do rapaz e a sua esperança de poder conseguir a meta do sacerdócio despertaram grande admiração no velho pároco, tanto que um dia disse-lhe explicitamente:

— Victor, falarei de você ao bispo, quando estiver aqui, e rezo tanto ao Senhor que o seu sonho, porque se recorde de que se trata sempre de um sonho, possa realizar-se.

Victor, entretanto, esperava e esperava sempre.

Notas bibliográficas

Com relação a dona Marianna Bárbara Ferreira, personagem-chave na vida de Padre Victor, não se tem muita notícia. Pelo certificado de Batismo sabemos que foi batizada em 6 de janeiro de 1796 (Arquivo da Cúria Diocesana de Campanha, *Livro dos Batismos 1791-1805*, f. 120v; BD, 64): "Aos seis de Janeiro de mil setecentos e noventa e seis nesta Matriz da Campanha de licencia baptisei e pus os Santos Oleos a innocente Marianna de oito dias mais ou menos, filha legitima de Joam Manoel de Villas Boas natural desta Freguesia, e de Maria Pereira natural da Freguesia da Villa de Sam Joam Del Rei. Forão padrinhos Joam de Almeida Ferreira e sua mulher Marianna Bárbara Ferreira de que fis este assento que assignei. O Padre Bernardo da Sª Lobo". Portanto, nasceu em 30 de dezembro de 1795. O pai era de Campanha, enquanto a mãe de São João Del-Rei. O que provoca curiosidade é o nome da sua madrinha: chamava-se exatamente como ela, ou seja, outra mulher possuía nome e sobrenome idênticos ao seu. A hipótese possível seria a adoção proposital do nome completo da sua madrinha.

Provavelmente em 1811, aos 16 anos, casou-se com o índio Liberato José Tibúrcio, filho de Maria Rodrigues Assumpção, nascido em Campanha em 23 de setembro de 1791 (Arquivo da Cúria Diocesana de Campanha, *Livro dos Batismos 1791-1805*, f. 13; BD, 67 n. 8). Em 1812 teve um filho, Antônio José Tibúrcio, casado com Rita de Cássia Theatonia de Jesus, e falecido viúvo em 10 de março de 1880, com a idade de 68 anos (v. BD, 67 n. 9). Liberato José Tibúrcio morreu com 49 anos de hidropisia em 29 de julho de 1840 (Arquivo da Cúria Diocesana de Campanha, *Livro de Óbitos*

1837 a 1855, f. 24v), deixando-a viúva aos 44 anos. Pode-se dizer com certeza que Liberato era índio porque na certidão de óbito seu filho Antônio foi mencionado como mestiço.

As notícias sobre Liberato José Tibúrcio, viúvo e empregado de polícia, e de sua residência em uma casa modesta da rua Saturnino de Oliveira, defronte à casa do alfaiate Ignácio Barbudo, em Campanha, escritas por Júlio Bueno na revista *Alvorada* 1, 4 (1928), não são observadas.

Sobre a personalidade de dona Marianna, é significativa a expressão escrita por FERREIRA nas *Minhas recordações*: (Victor) "teve a felicidade de achar uma madrinha que ainda levava um pouco a sério esse parentesco espiritual; e que por isso, embora não fosse rica, o levou para sua casa e lhe deu toda a educação que na Campanha se podia dar a um menino que não se destinava aos oficios mecânicos" (p. 173; cf. BD, 69-70).

No que diz respeito às várias fases da história de Campanha, lemos com proveito o quanto é relatado por mons. JOSÉ DO PATROCÍNIO LEFORT, *Cidade da Campanha, Monografia Histórica*, Belo Horizonte, Imprensa Oficial MG, 1972; AZEVEDO, FRANCISCA NOGUEIRA DE, *Carlota Joaquina na Corte do Brasil*, Rio de Janeiro, Civilização Brasileira, 2003; PEREIRA, SARA MARQUES, *D. Carlota Joaquina Rainha de Portugal*, Lisboa, Livros Horizonte, 2008; *Falla dirigida à Assembléa Legislativa Provincial de Minas-Geraes na sessão ordinária do anno de 1840 pelo presidente da província, Bernardo Jacintho da Veiga,* Ouro-Preto, Typ. Do Correio de Minas, 1840. A personalidade de dona Carlota Joaquina é bem interessante não só pelas suas extravagâncias e tomadas de posição, mas também por particularidades deixadas em herança, como, por exemplo, a invenção da caipirinha.

A Diocese da Campanha foi criada após a morte de Padre Victor, isto é, em 8 de setembro de 1907, pelo Decreto Pontifício *Spirituali fidelium* do Papa Pio X. O primeiro bispo foi dom João de Almeida Ferrão (1909-1935), ordenado em 12 de setembro de 1909. Dom Ferrão, nascido em Campanha em 30 de julho de 1853, depois dos estudos primários, na época chamados "estudos de humanidades", feitos na cidade natal, continuou os estudos superiores no Colégio Sagrada Família de Três Pontas, sob a direção de Padre Victor.

CAPÍTULO III

Antes do amanhecer cavaleiros, fazendeiros e muitos fiéis saíram de Campanha pela Rua do Fogo para acolherem o sr. bispo, dom Antônio Ferreira Viçoso, onde hoje se encontra o Bairro Santa Cruz das Almas.

Ao nascer do sol, precedida de um esquadrão da Cavalaria da Guarda Nacional, chegava o coche do sr. bispo. Foi acolhido com aplausos, gritos de júbilo e fogos de artifício.

Formou-se então um cortejo até a entrada da cidade: no início da Rua Direita foi levantado um arco com flores e plantas ornamentais, além de outro pouco antes da igreja de Nossa Senhora das Dores, onde estava previsto que dom Viçoso desceria do coche.

O bispo, homem de quase sessenta anos, era de estatura mediana, embora a longa batina fizesse-o parecer mais alto. Tinha os cabelos completamente brancos e os olhos azuis muito intensos e penetrantes. O nariz grande e duas marcas verticais ao lado da boca conferiam ao seu semblante um ar de severidade. Quem viesse a conhecê-lo, percebia rapidamente que, na realidade, mais que severo, era muito determinado; compreensivo e benevolente com todos, mas firme e intransigente ante os abusos.

Desde quando os superiores da Congregação de São Vicente de Paulo, vinte anos antes, decidiram transferi-lo de Portugal para o Brasil, ele soube não só se integrar, mas enamorar-se desta terra e de sua gente. Convicto defensor da liberdade da Igreja contra o Poder da Coroa e as interferências maçônicas, deixou muito clara a sua posição a respeito da escravidão, escrevendo um opúsculo *Sobre os africanos escravizados depois da Lei Brasileira*, de 7 de novembro de 1831. Naqueles anos, os cargos de responsabilidade ocupados, as iniciativas e a capacidade de governo não eram desconhecidos do imperador, dom Pedro II, que o havia nomeado, apesar de suas posições, bispo de Mariana.

Diante da igreja das Dores, dom Viçoso foi acolhido pelo pároco, padre João Damasceno Teixeira, e pelo clero de Campanha. Logo depois, após saudar as autoridades presentes e todo o povo que o havia acompanhado em cortejo, entrou na igreja e se recolheu em oração. Nesse momento teve início a Visita Pastoral.

Conforme o cerimonial, ao sair da igreja, acompanhado do clero e das autoridades, caminhou entre duas alas de uma multidão de pessoas que o aplaudia, até a casa do pároco, onde estava preparado um apartamento em que deveria passar os próximos dias.

Muitas das tantas pessoas que foram à cidade, lá estavam não só para prestar-lhe homenagem como bispo, como também pela simples curiosidade de ver como era, de fato, um bispo, uma vez que fazia quase dez anos que Mariana era sede episcopal vacante, e os bispos anteriores não se deram ao trabalho de visitar aquela diocese imensa.

O bispo deu a bênção àquela gente, marcando hora para a missa solene, na matriz. Já no apartamento começou, também, a receber homenagem das autoridades, cavaleiros e fazendeiros com suas mulheres. Tudo era organizado pelo secretário cônego José Pedro da Silva Bemfica, um jovem padre português especialista em direito canônico.

Para a missa solene, a igreja matriz estava inacreditavelmente cheia; a palavra do pastor, como sempre clara e participativa, unia-se ao coração dos fiéis. No final, dom Viçoso fez questão de distribuir uma medalha de Santo Antônio a todos, como forma de ter contato direto e pessoal, ainda que breve, com cada um dos que ali estavam.

Dona Marianna, aproveitando a oportunidade, pediu que padre Antônio Felipe de Araújo conseguisse-lhe, "a critério de Sua Excelência Reverendíssima", uma audiência para expor-lhe o caso do jovem Victor. O velho sacerdote comentou que esse era também o seu pensamento constante.

Victor, na fila para receber a medalhinha, não estava impaciente para chegar rápido, antes, cedia o lugar a qualquer um, a fim de ter mais tempo de observar os gestos do bispo, os seus traços, os seus hábitos... Quando, finalmente, chegou a sua vez, não teve coragem de olhar dom Viçoso no rosto: beijando-lhe o anel com a cabeça baixa, pegou a medalhinha e a segurou forte na palma da mão. Manteve-a assim a noite inteira, que passou quase toda em claro pela emoção.

Esse foi o primeiro contato que o jovem Victor teve com o seu bispo.

Alguns dias depois, um rapaz chegou à fazenda com a bela notícia:

– Dona Marianna, padre Antônio Felipe de Araújo manda dizer-lhe que Sua Excelência Reverendíssima poderá recebê-la em audiência amanhã cedo, após a celebração da missa das sete horas.

Dona Marianna, juntamente com Victor, muito emocionado, chegaram à matriz bem a tempo de participarem da celebração presidida pelo bispo. Depois foi levada pelo padre Antônio até a sacristia, onde se encontrava o bispo.

Victor permaneceu respeitosamente mais distante e só depois de ser expressamente convidado, aproximou-se do bispo para beijar-lhe o anel. Estava tão emocionado que sentiu um zumbido nos ouvidos e escutou só a voz do prelado que dizia:

– Ah, então este é o jovenzinho!

Padre Antônio apresentou brevemente dona Marianna e depois deixou que ela expusesse o caso. Dom Viçoso escutou com atenção e interesse aquilo que a madrinha patroa dizia, olhando de vez em quando para Victor, que permanecia de cabeça baixa. Durante a conversa interveio padre Antônio para dizer como, naquele mês, pôde ver pessoalmente quanta vontade e determinação tinha o jovem, pronto para enfrentar qualquer sacrifício para tornar-se padre.

Antes que o bispo abrisse a boca, o cônego José Pedro, dirigindo-se ao velho pároco, mas na realidade para justificar ao seu superior a dificuldade legal que apresentava aquele caso, começou a citar leis, provimentos, interpretações... parecia que não terminava mais, para pedir que considerasse como seria inconveniente só de pensar em ter um padre negro.

Dona Marianna, diante daquilo, sentiu-se no dever de intervir, dizendo:

– Juntamente com padre Antônio, havia pensado em submeter o caso a Sua Excelência Reverendíssima para dar-nos um conselho e encontrar uma solução.

O secretário, um pouco irritado, sentiu-se magoado e num impulso disse:

– Não pode existir nenhuma solução e Sua Excelência Reverendíssima não pode fazer milagre!

Dom Viçoso escutava sem intervir, mas naquele momento fez um sinal ao secretário. Ele calou-se imediatamente e se colocou à parte. O prelado permaneceu em silêncio por algum tempo, refletindo e, por fim, deu um grande suspiro. Depois, dirigindo-se diretamente a Victor:

– Você está convencido de que o Senhor o chama? – perguntou.

O rapaz, prontamente, respondeu:

– Sim, Excelência Reverendíssima! – falando reverentemente no mais íntimo de seu ser.

– Percebe quantos obstáculos legais existem? Dizem sem meios-termos que você não pode tornar-se sacerdote, e basta! E os obstáculos não se relacionam somente a você. Restringem completamente a minha possibilidade de ação, de decisão, em suma, acorrenta completamente a minha vontade! Me ata as mãos, não é mesmo, cônego José Pedro? – e, continuando como se estivesse pensando em voz alta: – Essas não são pedras, são montanhas!... Mas as montanhas podem ser superadas, ou não? – então, mudando o tom: – Victor... esse é seu nome, não é mesmo? Aquilo que me importa saber sobre você é outra coisa: está disposto a ser humilhado, a ser alvo de discussão, desprezado por quem nem consegue imaginar? Isso que estou pedindo que considere, jovenzinho, não é uma brincadeira! A sua vida será sempre coberta de espinhos que o farão sangrar, mas, recorde-se, quanto maiores as adversidades e os sofrimentos, tanto mais compreenderá que Jesus Cristo ama você e, por isso, está colocando-o à prova.

Victor, então, levantou os olhos e, olhando-o pleno de esperança, disse:

– Excelência Reverendíssima, se puder contar com o senhor e suas orações, as orações do reverendíssimo padre Antônio e de minha adorada madrinha, estou certo de que tudo farei para superar os obstáculos e bendirei sempre ao Senhor.

Dom Viçoso fitou-o com um sorriso:

– Devemos, então, começar a estudar duro! Você deve estudar seriamente o latim, depois a música e o canto, e todas as coisas que padre Antônio sabe bem... Reverendíssimo padre Antônio, gostaria que assumisse a responsabilidade de prepará-lo por alguns anos para o ingresso no seminário...

O cônego José Pedro estava claramente nervoso e, quando percebeu que o faria entrar no seminário, não se conteve mais e exclamou:

– No seminário? – perguntou, olhando preocupado para o bispo. – Gostaria de fazê-lo entender as graves dificuldades que sabe estar causando.

O prelado lançou-lhe um olhar tranquilo, mas com voz decidida disse-lhe:

– Cônego José Pedro, me deixe decidir.

Em razão de o secretário estar muito preocupado e contrariado, o bispo, atento à sensibilidade dele, mas sobretudo usando de caridade nos seus confrontos, de súbito apresentou um argumento que certamente o tranquilizaria:

– Cônego José Pedro, existe alguma norma que me impeça de levar este rapaz como fâmulo, ao meu serviço pessoal no seminário?

– Não, Excelência Reverendíssima.

Dom Viçoso observou que, por encanto, o nervosismo havia desaparecido do cônego e continuou, porém, olhando de modo significativo o velho vigário:

– Como o jovem sabe ler e escrever, possui já uma boa base cultural e, segundo nos disse padre Antônio, demonstra muito interesse de aprofundar sua cultura, gostaria que estudasse um pouco de latim e de filosofia... poderia ser útil para ajudá-lo no serviço da secretaria... Em suma, isso tudo redundaria em seu próprio benefício; depois não escondo que me agradaria ter junto a mim pessoa com quem possa ter uma conversa mais elevada... – em seguida, retomando o discurso com o velho sacerdote: – Quem poderia ser aqui um bom professor de latim?

– Padre Joaquim Pereira Coimbra! – respondeu rápido padre Antônio, admirando a grande fineza de seu bispo. – Aqui é muito respeitado, todos o conhecem como Padre Mestre.

– Bem, aqui estão todas as condições... Quero que se faça conforme eu disse. Periodicamente, caro padre Antônio, me relatará... – voltando-se, depois, a Victor: – Jovenzinho, ponha rápido a mão no arado e olhe para a frente, e verá que, se o Senhor o chamou, vai ajudá-lo.

Padre Antônio deu, para começar, uma cópia da *Artinha Latina,* o manual mais comum existente naquele tempo, e com perseverança Victor dedicou-se ao estudo do latim. No início encontrou muita dificuldade com as declinações; vencida esta primeira batalha, defrontou-se com a dificuldade dos verbos irregulares... e depois a sintaxe.... mas sua vontade e determinação fizeram-no superar todos os obstáculos. Aprendeu o latim, a música, a filosofia, em suma, durante quase três anos estudou intensamente.

Dona Marianna estava feliz pelos bons relatórios que recebia seja de padre Antônio, seja de padre Joaquim.

Daí em diante Victor ativamente passou a fazer parte também do coro da igreja matriz de Santo Antônio por seu conhecimento de música e por sua voz grave. À medida que as pessoas o conheciam, passavam a admirar as suas virtudes, e a estima crescia, mas sobretudo começou a crescer o respeito em relação a ele como homem.

Era o fim do ano de 1848, quando dom Viçoso comunicou ao padre Antônio Felipe de Araújo que o ingresso de Victor no célebre seminário de Mariana estava marcado para 5 de março do próximo ano.

O velho vigário chamou rapidamente dona Marianna, tanto para dar-lhe a bela notícia como para resolverem juntos as providências úteis que deveriam tomar.

– Dona Marianna – disse claramente padre Antônio –, é preciso primeiro de tudo que a senhora redija uma carta renunciando à propriedade de Victor... fazendo-o tornar-se livre, além de declarar que não se opõe a que ele empreenda o caminho do sacerdócio.

– Farei com vontade. Prepare-me o escrito que eu o assinarei.

– Dona Marianna – continuou o velho padre –, é necessário que o jovem tenha um pequeno enxoval... dois pares de sapatos, quatro calças, quatro ceroulas, quatro lenços... – e a lista continuou sobre o mínimo necessário ao seminário para a dignidade cotidiana de um candidato ao sacerdócio.

– E a batina? Não precisa da batina?! – perguntou ao fim a senhora, haja vista que não a tinha mencionado. Aquele era o item mais importante para ela, mas sobretudo para Victor: representava a concretização do sonho, da esperança, da aspiração do jovem, como a ser recompensado de tudo.

Padre Antônio admirou a ânsia e a disponibilidade daquela senhora e decidiu interferir para que não pesasse tudo sobre suas costas:

– Se a senhora permite, dona Marianna, a batina não lhe pedi porque será a minha contribuição! – o padre parou por um momento, depois prosseguiu dizendo: – Veja, Dona Marianna, Victor deverá pagar uma mensalidade como pensão por todo o tempo que permanecerá no seminário... uma despesa significativa que o sustentará pelo menos nos próximos dois ou três anos... Entre os paroquianos da igreja matriz que conhecem a intenção de Victor, que o admiram pelo empenho demonstrado... em suma, creio que devo pedir a todos uma oferta, um sustento, mas não posso pretender uma coleta anual. Em todo caso, encontrei através de Sua Excelência Reverendíssima, o bispo, o capitão Camillo Luiz Moreira de Ouro Preto, homem disposto a ser o fiador, e todo mês poderá colaborar com o necessário; portanto, sobre esse ponto de vista pode estar tranquila.

Victor, que estava presente, em pé diante da madrinha, comoveu-se profundamente e, no silêncio, derramava um rio de lágrimas. No seu coração agradecia imensamente ao Senhor que o havia confiado a pessoa de tal generosidade. Quando os dois passaram a falar da viagem a Mariana, interveio:

– Com todo respeito, madrinha e padre Antônio, permitam-me pedir-lhes uma coisa – recebida a permissão, continuou: – Fizeram e estão fazendo mais do que se pode imaginar. Peço ao Senhor que eu seja merecedor de tanta bondade. Peço-lhes só uma coisinha: para a viagem não darei despesa... providenciarei eu mesmo.

Os dois olharam-no significativamente: o que acabara de dizer? De onde conseguiu o dinheiro necessário?

Victor se deu conta da preocupação deles; então, dando um sorrisinho envergonhado, esclareceu:

– Deveria ser um segredo meu, mas à senhora e ao senhor padre posso revelá-lo, Deus do céu, sobretudo para ficarem tranquilos. Prometi ao Senhor que, se me concedesse a graça de entrar no seminário, iria até Mariana a pé, como um peregrino... Peço-lhes, permitam-me cumprir essa promessa...

Victor, no entanto, esperava e esperava sempre.

Notas bibliográficas

O que foi narrado neste capítulo pode ser encontrado na biografia de mons. LEFORT, 9-11, que, por sua vez, reproduziu das *Minhas recordações* de FERREIRA, 228; isso porque, infelizmente, não há o relatório da Visita Pastoral a Campanha, incluída provavelmente entre os muitos documentos que se perderam, ou simplesmente entre as tantas visitas que não foram registradas. Da documentação conseguida, sabemos que, empossado na Diocese de Mariana em 16 de junho de 1844, em setembro dom Viçoso já esteve em Congonhas do Campo na festa do Santuário de Bom Jesus do Matozinhos, evento particular da paróquia da cidade, chamada daí em diante Congonhas do Sabará, iniciando oficialmente as Visitas Pastorais. Em 30 de setembro de 1845, esteve em Juiz de Fora; em 24 de maio de 1846, em Ponte Nova, e no dia 25, em Santa Cruz dos Escalvados; em 28 de junho, em Cachoeira do Campo; em 27 de outubro, em Tapanhoacanga; e em 8 de dezembro, em Macaúbas. Em 6 de junho de 1847 visitou Sabará. Provavelmente a Visita Pastoral em Campanha deveria ser colocada cronologicamente entre 1846 e 1847, porque Padre Victor entrou no seminário de Mariana em 5 de março de 1849 e a sua preparação preventiva deveria durar pelo menos dois anos.

O papel que dom Viçoso teve na existência de Padre Victor foi fundamental para nos delinear a sua vida e atividade pastoral.

Antônio Ferreira Viçoso nasceu em Peniche, na província de Leiria (Portugal), em 13 de maio de 1787. Frequentou a escola primária no convento dos Carmelitas Descalços de Olhalvo, de onde foi transferido para o convento carmelitano de Santa Tereza, em Santarém; em seguida, entrou no seminário dessa mesma cidade, onde permaneceu por sete anos para preparação e formação ao sacerdócio. A sua ordenação, porém, foi um tanto angustiante por causa dos movimentos político-militares. As tropas napoleônicas em 1807 haviam ocupado Portugal, e o rei João VI, com sua corte, transferiu-se para o Brasil. Morto o cardeal José Francisco Miguel Antônio de Mendonça (1725-1808), a autoridade civil, sem aprovação de Pio VII, nomeou bispo de Porto dom Antônio de São José de Castro (1798-1814) para a sede patriarcal de Lisboa. Esse bispo se recusava a ordenar seminaristas formados em Santarém durante o governo de seu antecessor, de modo que Antônio teve de retornar à sua família (1809-1810). Depois de haver refletido e de ter-se aconselhado, decidiu entrar na Congregação da Missão de São Vicente de Paulo. Foi acolhido em 25 de julho de 1811 no noviciado de Rithafoles em Lisboa. Terminados os dois anos de noviciado, completou a sua ordenação teológica e foi ordenado em 7 de março de 1818 pelo bispo de Macau, por causa de estar vacante a sede em Lisboa, e destinado como professor de teologia no Real Colégio de Nossa Senhora da Purificação.

No fim de 1819, padre Viçoso foi enviado como missionário ao Brasil com o confrade Leandro Rebelo Peixoto e Castro. Em 1820 pregou sua primeira missão popular em

Catas Altas, paróquia que dependia do santuário de Caraça, e Barbacena. Em 1821 foi-lhe confiada a direção do colégio de Caraça. Tão logo declarada a Independência do Brasil (7 de setembro de 1822), recebeu do imperador dom Pedro I o encargo de dirigir o "Seminário dos órfãos" de Jacuecanga (Província do Rio de Janeiro). Padre Viçoso cuidou de reconstruí-lo e administrá-lo com prudência e senso de responsabilidade, no final de 1837, quando deveria assumir a função de Visitador da Província brasileira da Congregação da Missão, que se encontrava em uma situação delicada sob todos os pontos de vista.

Para aderir às leis do País e evitar problema para a comunidade vincentina, juntamente com padre Leandro julgou necessária e indispensável, embora contra a vontade, a separação também da Casa-Mãe de Paris, além da Província portuguesa, e a constituição da "Congregação da Missão brasileira". O padre Viçoso foi eleito superior-geral em 13 de dezembro de 1839. Dedicou-se com todas as suas forças, da mente e do coração, ao desenvolvimento da nova Congregação. Em 1840 publicou um opúsculo sobre escravidão com o título: *Sobre africanos escravizados depois da Lei Brasileira de 7 de novembro de 1831*, e começou a dar forma também aos *Sermões de Missão*.

As suas iniciativas e a sua capacidade de administrador não ficaram despercebidas do imperador dom Pedro II, *o Magnânimo* (1825-1891), o qual, em 1843, nomeou-o bispo de Mariana. Em 5 de maio de 1844 padre Viçoso foi consagrado bispo na igreja do mosteiro de São Bento no Rio de Janeiro e em 16 de junho tomou posse da diocese como seu sétimo bispo, depois de nove anos de sede vacante. A diocese estendia-se sobre uma superfície de aproximadamente 150 mil quilômetros quadrados, equivalentes mais ou menos a toda a península ibérica. Quando da morte de seu antecessor, dom José da Santíssima Trindade, a diocese contava com uma população de 414.092 "pessoas cristãs", com 293 sacerdotes no cuidado das almas e numerosos outros, alguns dedicados ao serviço das capelas e autorizados pelo Patrono imperial, outros que eram proprietários e cultivadores na zona rural, outros ainda encarregados do ensino e sem uma ocupação definida.

Durante os outros 31 anos de episcopado, consagrou-se com dedicação total ao serviço da sua gente. Interessou-se, sobretudo, pela educação, favorecendo o desenvolvimento do Colégio de Caraça, do seminário e do Colégio de Jacuecanga (Angra dos Reis) e do Colégio de Campo Belo (Campina Verde), onde se formaram profissionais laicos e eclesiásticos de valor. Restaurou o seminário maior de Mariana para a formação e a reforma do clero. Tal reforma, realizada por dom Viçoso, deu à Igreja ótimos sacerdotes, missionários e bispos. A sua ação pastoral foi assim tão forte e benéfica para a Igreja que, já durante o seu ministério, três dos seus discípulos foram eleitos bispos, verdadeiras pérolas do episcopado brasileiro. De fato, de Mariana, tendo como mestre e amigo dom Viçoso, saíram os bispos dom João Antônio dos Santos, nomeado para a sede então criada de Diamantina, dom Luiz Antônio dos Santos, eleito para Fortaleza, e dom Pedro Maria de Lacerda, escolhido para o Rio de Janeiro. Naturalmente outros discípulos foram nomeados bispos depois de sua morte, entre os quais o seu biógrafo dom Pimenta Silvério Gomes, que foi o primeiro arcebispo de Mariana.

Providenciou também a educação feminina com a fundação do Colégio Providência de Mariana. Outra atividade de grande importância que dom Viçoso desenvolveu em favor das populações, especialmente nos ambientes rurais, foram as três cansativas Visitas Pastorais da diocese (1845-1850; 1851-1859; 1860-1868), que culminaram na consagração dos bispos que continuaram a obra reformadora no Ceará, em Diamantina e no Rio de Janeiro. Além das Visitas Pastorais, que lhe permitiram percorrer de 1845 a 1869 mais vezes a vasta diocese para animar, ajudar e encorajar o clero e o povo, ele estabeleceu as missões populares na diocese para reavivar a fé das pessoas. Além disso, deixou um rico elenco de obras de conteúdo catequético, litúrgico, devocional, hagiográfico e moral, tanto escritas por ele mesmo como traduzidas do francês ou do italiano, para fornecer ao clero um material de fácil consulta. No *Catecismo de Mariana*, a parte doutrinal é apresentada sob a forma de perguntas e respostas que deveriam ser memorizadas, mas sempre com uma ação conjunta que agregasse a vida cotidiana aos ensinamentos estudados.

Outro campo onde dom Viçoso manifestou sua grandeza de ânimo e a sua liberalidade foi o da caridade. Era costume distribuir aquilo que possuía às famílias pobres e todos quantos recorriam a ele em caso de necessidade.

Foi um convicto defensor da liberdade da Igreja. Em uma carta de 10 de março de 1865, endereçada ao ministro do Império, José Liberato Barroso, protestou contra a ingerência do poder imperial na cobrança das sobretaxas sobre prestação de alguns serviços de caráter religioso e denunciou a tentativa laicista e anticlerical que se difundia na universidade, defendendo o direito da Igreja de salvaguardar a formação integral e cristã da juventude e de protegê-la contra as pressões das sociedades maçônicas e secretas. Em 1874 escreveu uma carta ao imperador dom Pedro II, manifestando a sua total submissão ao Papa e a sua solidariedade com os seus confrades bispos de Olinda e do Pará, perseguidos pelas arbitrariedades de um governo regalista vítima da influência maçônica.

Homem sem complexo ou medo, demonstrou-se firme e intransigente diante dos abusos do clero, dos governantes e da população, mas sempre compreensivo e benévolo com as pessoas; soube integrar-se, embora de nacionalidade portuguesa, na vida e nas instituições nacionais brasileiras, desfrutando de grande estima e popularidade na sua diocese e nas outras aonde chegava a sua fama de pastor zeloso, corajoso e santo, e também perante a corte imperial que, em 1868, lhe conferiu o título da Ordem de Cristo e de Conde da Conceição. A morte levou-o aos 88 anos, na fazenda da Cartuxa, em Mariana, em 17 de julho de 1875.

As fontes colhidas são concordes em apresentar dom Antônio Ferreira Viçoso como personalidade rica de dotes humanos e de virtudes cristãs, homem de cultura e grande missionário da educação, reformador do clero, restaurador dos bons costumes, defensor dos escravos e dos direitos da Igreja e de sua liberdade, herói da caridade e pastor totalmente dedicado ao serviço de sua gente e de quantos buscavam o seu auxílio, tanto que era considerado o apóstolo mais importante do estado de Minas Gerais no século XIX e um modelo para os outros bispos.

Só uma personalidade assim podia permitir-se fazer aquilo que fez nos confrontos de nosso Padre Victor.

Sobre a doutrina e a atividade desse personagem, nos servimos também da biografia de PIMENTA SILVÉRIO GOMES, *Vida de D. Antônio Ferreira Viçoso, bispo de Mariana e conde da Conceição*, Mariana, Tipografia Arquiepiscopal, 1920; dos seguintes volumes: SILVA NETO BELCHIOR J. da, *Dom Viçoso, Apóstolo de Minas*, Belo Horizonte, Imprensa Oficial do Estado de Minas Gerais, 1965; CALADO MARIANO, D. *Antônio Ferreira Viçoso, bispo de Mariana, Gráfica Ideal de Cacilhas* (Portugal), 1987; *Marianem, Beatificationis et Canonizationis Servi Dei Antonii Ferreira Viçoso, Episcopi Marianensis, e Congregatione Missionis* (1787-1875), *Positio super vita, virtutibus et fama sanctitatis*, Romae, 2001.

A sequência cronológica que se extraiu das palavras de FERREIRA nas *Minhas recordações* – "[Victor] pôde, desta sorte, aprender as primeiras letras; o latim; e finalmente a música, da qual se não chegou a saber muito, soube pelo menos tanto quanto era bastante, para que êle pudesse cantar nas igrejas com a sua voz de baixo profundo. O maior de todos os seus desejos era de ser padre. Mas como realizá-lo se êle nada absolutamente tinha e se a sua madrinha que nunca fôra rica, se tornava cada vez mais pobre? Êle, entretanto, esperava e esperava sempre. E com razão esperava; porque justamente no momento em que acabava o seu latim, apareceu na Campanha esse anjo de caridade e de humildade que na terra se chamou dom Antônio Ferreira Viçoso, depois conde da Conceição; alguém lhe falou na pretensão do pobre crioulo; e tudo imediatamente se arranjou. Fêz-se uma pequena subscrição para que o novo ordenando pudesse partir para Mariana; êle entrou para o seminário como fâmulo do bispo" (pp. 173-174; cf. BD, 69-70) –, foi por nós modificada porque o aprendizado do latim e de quanto poderia servir de propedêutica deveria vir somente depois da decisão de dom Viçoso.

A identidade do secretário é a seguinte: José Pedro da Silva Bemfica, *Cônego Honorário da Cathedral de Mariana, Secretario do Bispado, Escrevão da Camara Episcopal por S. Exc. Rev.ma* (cf. BD, 81; TRINDADE, *Arquidiocese de Mariana, II,* 713). Demos um sentido crítico para não fazer pesar excessivamente as referências às legislações civil e canônica.

Sobre os estudos em Campanha de Victor, viu-se também o atestado de 1850 (BD, 74), ao passo que sobre o respeito que as pessoas de Campanha começaram a ter por ele é suficiente a frase escrita pelo pároco padre João Damasceno Teixeira em 3 de janeiro de 1850, para fazer-nos entender a estima que Victor soube conquistar antes de entrar no seminário: "só posso informar a V.S. que suas virtudes lhe tem granjeado o público conceito, que desfruta, assim como o respeito e veneração de todos, que o conhecem" (BD, 73).

Na mesma pesquisa *de genere et moribus*, da qual se falará, necessário para proceder às ordenações, encontra-se a ficha de matrícula do jovem Victor, onde, a seguir, vem registrado o pagamento da pensão do primeiro semestre de 1849 até fim de março de 1851. Para os três meses que precederam a ordenação sacerdotal, encontra-se "Depósito em conta – 20$000". Ao fim é escrito explicitamente: "Pagou tudo ate o dia de a sua sahida". Soube-se também que saiu do seminário 42 dias depois da ordenação. Eis o texto do documento: "Francisco de Paula Victor f.° de Lourença de Jesus natural da Freguesia da Cidade de Campanha matriculou-se a 5 de março de 1849. Correspondente o Cap.m Camillo Luiz Maria (sic) em O. Preto.

Pagou o 1°. Sem.: ate 5 de Junho de 1849   42$000

Mesada de 5 de Junho a 5 de 7br°. 1849   42$000

Pagou sua mesada ate 5 de Nobr°. 49   42$000

Pagou suas mesadas ate 5 de Março de 1850 42$000

Pagou suas mesadas ate 5 de Junho de 1850 42$000

Pagou suas mesadas ate 5 de 7br°. de 1850   42$000

Pagou suas mesadas ate 5 de Nobr°. de 50   42$000

Pagou tudo ate 5 de Março de 50   42$000

Está paga sua meia mesada ate 6 de Março de 51
                                            42$000

D.º em conta   20$000   20$000

Entregue p.a o Padre   10$000   10$000

Pagou tudo ate o dia de a sua sahida que foi a 27 de Julho de 1851" (BD, 71).

CAPÍTULO IV

Na manhã de 5 de março de 1849, Victor chegou a Mariana, informou-se sobre onde estava localizado o seminário e, finalmente, subindo à colina foi ao encontro de um conjunto de edifícios brancos em estilo colonial (onde hoje se acha instalada a sede do Instituto de Ciências Humanas e Sociais).

A capela, dedicada a Nossa Senhora da Assunção, com seus belos traços arquitetônicos barrocos, parecia ser a primeira da fila, ou melhor, aquela que vinha ao encontro para receber o hóspede. Um complexo construído no século XIX, na sua simplicidade, fazia sentir, todavia, o peso de ser o primeiro lugar de instrução de toda Minas Gerais, de onde saíram gerações de jovens que haviam contribuído com a evangelização e a cultura.

Era o dia de ingresso das novas turmas, havendo entre os seminaristas certo burburinho apressado pela curiosidade de ver quem eram os futuros companheiros. Quem primeiro queria vê-los chegar se colocou junto à janela do prédio que estava mais perto da avenida de ingresso; quem, ao contrário, preferia ficar em grupo para fofocar, ficou atrás das janelas sem ser visto; e quem, finalmente, queria ter um contato direto, dava qualquer desculpa para estar junto à portaria.

Antes do amanhecer, alguns chegaram de carruagem acompanhados dos pais e, naturalmente, dos indispensáveis escravizados que se ocupavam de tudo; outros vinham a cavalo, rodeados de irmãos com serviçais negros a pé... um grande movimento de bagagens! Para acolher a todos estava o reitor, o cônego Antônio Manuel de Figueiredo, que fazia as honras da casa, além de indicar ao candidato o alojamento; confiava-o ao prefeito, costumeiramente o mais velho daquele alojamento, que providenciava a apresentação aos colegas e o ajudava do ponto de vista logístico.

Em certo momento, no fim da avenida, alguém avistou Victor com um pequeno fardo de roupas sobre os ombros. O pequeno grupo da janela foi alertado e ficou a observá-lo na esperança de que lhe aparecesse o proprietário. Ao contrário, viram que estava só.

– É um belo escravo – comentou um deles.

– Forte – completou outro.

– Quem sabe aonde o mandarão? – perguntou-se um terceiro do grupo.

– Seguramente na cozinha ou na horta... com aquele físico pode fazer o trabalho mais pesado – falou o mais sabichão.

No entanto, Victor postou-se junto à portaria. Pediu para falar com o reitor, mas o porteiro disse que não era necessário e indicou-lhe o local da cozinha, onde poderia encontrar o ecônomo, que diria onde ele deveria ir.

– Quero falar com o padre reitor – insistiu educadamente o jovem.

Ouviu como resposta que o reitor não tinha tempo a perder com os escravos e, portanto, não iria dar-lhe atenção.

– Por favor, peço-lhe que me chame o padre reitor – repetiu Victor sem sair do lugar.

O porteiro, perdendo a paciência, deu-lhe um grito peremptório, e tanto foi o barulho que despertou a atenção do cônego Antônio Manuel, que se aproximou para ver o que estava acontecendo.

– Sou Francisco de Paula Victor – apresentou-se o jovem –, gostaria de falar com o padre reitor.

Padre Antônio Manuel, vendo-o, disse:

– Ah, sim, é você... venha, venha – e o introduziu em seu escritório.

Victor entregou-lhe a carta de sua madrinha onde era declarado liberto da escravidão e o seu consentimento a seguir o caminho do sacerdócio, e também a carta do padre Antônio Felipe de Araújo, sobre sua boa conduta e sobre os estudos completados até aquele momento, e por fim aquela do Padre Mestre, Joaquim Pereira Coimbra, sobre latim...

– No próximo mês você completará 22 anos... e já fez tudo que é preciso no biênio... – comentou à meia voz o padre, como se estivesse pensando em voz alta. – Sim, deve ser matriculado no terceiro ano... – então, voltando-se ao jovem: – Francisco de Paula Victor, agora venha comigo, vou levá-lo ao alojamento do terceiro ano e apresentá-lo aos colegas de estudos.

O padre reitor começou as apresentações:

– Então, ele é Antônio Augusto de Abreu Carmo... ele é Antônio Firmino de Sousa Rofino... ele, Cândido Fernandez Braga... ele, Delfino José Rodrigues... ele, Felipe

José Correa de Melo... ele, José Virgolino de Paula... e este último, Poncianno Ferreira de Abreu... Caros jovens, este é seu colega de estudos Francisco de Paula Victor... Victor, deixo-o com o prefeito.

Parecia que todos haviam se tornado estátuas de cera! Não somente nenhum dos seus futuros companheiros queria estender-lhe a mão, como ninguém se dignou a dar-lhe um sorriso ou dirigir-lhe uma palavra de boas-vindas.

Logo que o reitor saiu, o prefeito do alojamento ordenou-lhe que o seguisse a uma boa distância e, antes de indicar-lhe uma cama com o armário no alojamento, levou-o a um quartinho bem apertado:

– Ajeite-se aqui – disse-lhe com ar de superioridade.

Como já era de imaginar, os seminaristas do terceiro ano fizeram uma reunião improvisada: "Mas estamos ficando loucos?". "Um negro como sacerdote? É terrível". "Não, não é possível", foram as expressões que tinham todos!

No instante em que partiram os estafetas para outros alojamentos, num piscar de olhos todos já sabiam que aquele homem se sentaria com eles para estudar a fim de tornar-se sacerdote!

– Inaceitável! – foi a palavra que uniu os mais intransigentes. – Devemos falar com o reitor para pedir esclarecimentos a Sua Excelência Reverendíssima... Que ele trabalhe na cozinha e na horta... seja o cavalariço... o cocheiro...

Alguém entre os mais moderados lembrou que Benedito de Palermo tornara-se santo, era negro e, além disso, escravizado...

Rápido formou-se uma delegação que foi bater na porta do reitor. Porém, o superior se encontrava numa posição inatacável:

– Não posso fazer nada. Tenho ordens de dom Viçoso em pessoa.

Diante disso, ninguém tinha coragem de pedir uma audiência com o bispo, nem mesmo aqueles que haviam prometido relâmpagos e raios, e voltaram todos para trás com o rabo entre as pernas, a falar com os demais companheiros.

Os comentários eram de completa insatisfação, até que um deles não se conteve:

– Sua Excelência Reverendíssima o quer? Não podemos nos colocar contra a autoridade do bispo, mas esse negro nós mesmos podemos colocá-lo no devido lugar: devemos tornar sua vida difícil... veremos por quanto tempo persistirá a sua ilusão!

Um semblante cruel se desenhou sobre o rosto daqueles "bravos" rapazes... E começaram a tratá-lo como um escravizado colocado ali ao serviço deles. Davam-lhe ordens:

– Engraxe meus sapatos! E rápido!

– Lava-me estas ceroulas!

– Limpe o chão! E trate de limpar bem.

– Arrume minha cama! Arrume como se deve, não quero nenhuma prega.

Isolado no alojamento e na classe como um animal raivoso, olhado sempre com superioridade, repreendido na mínima coisa... era esta a vida cotidiana que, segundo os colegas, deveria conduzir Victor a desistir.

No dia da vestição, que deveria ser para Vitor o dia mais especial, em que vestiria a batina, foi, ao contrário, um momento amargo: suportou desprezo de todo tipo, escutou frases e referências extremamente ofensivas:

– Estamos já no carnaval?

– Agora se pode festejar o carnaval dentro da Igreja?!

O reitor, cônego Antônio Manuel de Figueiredo, sentindo-se também ofendido por ter convidado para o alojamento alguns dos rapazes mais enfurecidos, procurou convencê-los a ter um comportamento e um linguajar mais apropriado para um irmão, um filho de Deus que apenas possuía a cor da pele diferente... mas o conselho, apesar de diplomático, não fez outra coisa senão piorar a situação. Provocou um comportamento ainda mais hostil e cruel.

E Victor? Apenas rezava, rezava e, algumas vezes, à noite, chorava em silêncio e repetia a si mesmo: "Victor, fique firme! Não desista agora! Se desistir, todo o bem e o sacrifício de sua madrinha terão sido em vão". E, assim, como uma jaculatória repetia as palavras que lhe tinha dito o bispo: "A sua vida será sempre coberta de espinhos que o farão sangrar, mas, recorde-se, quanto maiores forem as adversidades e os sofrimentos, tanto mais entenderá que Jesus Cristo ama você e, por isso, está colocando-o à prova". As provações ele mesmo as imprimiu sobre a pele para poder ter diante dos olhos a cada momento da jornada. Assim, aceitava tudo como uma prova que o tinha submetido o Senhor para reforçá-lo.

Todo dia após a aula, especialmente se Victor tivesse demonstrado saber mais do que eles ou simplesmente se estivesse mais bem preparado, os apartes eram contínuos com perguntas estranhas e caprichosas, e, portanto, as frases irônicas tornavam-se sarcásticas e terminavam sempre com demonstração de grande maldade.

A preocupação começou a impregnar não só no ânimo do reitor, mas também dos assistentes e do corpo docente, a ponto de acharem oportuno informar dom Viçoso.

O ano de 1848 era particularmente intenso pelas Visitas Pastorais que haviam sido programadas, e o reitor estava muito preocupado em pedir uma audiência para não cansar ainda mais o bispo; mas, por fim, havia decidido fazê-lo, considerada a gravidade dos fatos que estavam se sucedendo.

O ordinário escutou-o em silêncio. Mais do que qualquer um procurava justificar a atitude dos seminaristas apresentando como desculpa que não se podia cancelar de improviso tudo quanto a sociedade tinha tornado lei naquele tempo, e se Sua Excelência Reverendíssima quisesse ter um clero negro, pensasse em um setor do seminário dedicado à formação dele... Em suma, as provocações mais de uma vez indicavam ao prelado a necessidade de responder também de modo muito duro, mas preferiu calar-se.

Despedindo-se, disse somente:

– Agradeço, pensarei sobre tudo quanto me disse.

O cônego José Pedro, tão logo se viu só, não deixou de notar tudo quanto lhe tinha predito durante aquele primeiro encontro em Campanha:

— O senhor, Excelência Reverendíssima, me fez crer que o havia admitido aqui no seminário como seu fâmulo! Agora, o que fará? Convocará os nossos bravos seminaristas para repreendê-los? Para puni-los depois de havê-los desorientado? Sim, porque o senhor, com todo respeito, os desorientou.

O bispo observou-o de longe quase com ternura, depois lhe disse:

— Por favor, faça vir aqui somente o seminarista Victor.

Falou longamente com ele e, depois, chamou o reitor e lhe pediu:

— Tenha paciência, cônego Antônio Felipe, verá que Victor vai conseguir! Ele precisa de tempo!... Verá que ele conseguirá conquistá-lo e conquistar a todos – depois, praticamente mudando de assunto, informou: – A próxima jornada de retiro espiritual dos seminaristas, gostaria de pregá-la eu mesmo, se não se importa.

O reitor Antônio Felipe, como o cônego José Pedro, não estava convencido do que dissera o bispo: a sua visão era muito pessimista, mas não podia contradizer seu superior, esperava somente que tivesse razão.

A luta diária de Victor, no entanto, continuava sem exclusão de golpes, os mais duros e intransigentes; enfim, não tendo havido nenhuma repreensão nem do reitor nem do bispo, os seminaristas sentiam-se "autorizados" a persistir naquele comportamento.

Victor, de sua parte, saiu revigorado daquele encontro com dom Viçoso, como se tivesse recebido uma energia nova, de modo que, quanto mais os seus companheiros demonstravam-se intransigentes e rancorosos, tanto mais os enchia de atenções.

Victor, no entanto, esperava e esperava sempre.

Notas bibliográficas

Sobre o assunto deste capítulo, confira-se LEFORT, 12-13; BD, 65-66. Uma fonte muito importante, relativa à chegada e à permanência de Padre Victor no seminário de Mariana, é um artigo publicado no jornal *A Campanha* (1/10/1905), poucos dias depois de sua morte.

Sobre o seminário de Mariana, consultamos os escritos de TRINDADE, *Arquidiocese de Mariana*, I, 450ss; II, 1112-1114; sobretudo *O Seminário sob dom Viçoso*, in: TRINDADE, *Seminários,* 48-53, onde se encontra a descrição das construções retomadas da biografia de PIMENTA, 156. No livro de TRINDADE, *Seminários*, acha-se a relação de *Alguns alunos distintos do velho Seminário,* lá se encontrando nomes de arcebispos, bispos, deputados, teólogos e sacerdotes que deixaram uma marca na história da Igreja brasileira, entre os

71

quais "Cônego Francisco de Paula Victor, o lendário Padre Victor de Três Pontas".

Foi reitor do seminário nos anos de 1845-1853 o cônego Antônio Manuel de Figueiredo.

Os nomes dos seminaristas do terceiro ano, que depois foram ordenados juntamente com Victor, encontram-se nas matrículas de ordenação diaconal e presbiteral relatadas por TRINDADE, *Arquidiocese de Mariana*, I, 452; LEFORT, 13; BD, 78, 80.

Para poder ter uma ideia do empenho pastoral de dom Viçoso para aquele ano, reportamo-nos à sequência das Visitas Pastorais assim relacionadas: "Em 1849, a 10 de junho, esteve em Lagoa Dourada; a 15 de junho, em Freguesia da Lage; a 19 de junho, em Santa Rita da Lage; a 25 de junho, em Prados; a 09 de julho, em Brumado; a 15 de julho, em São João del-Rei; a 25 de julho, em Conceição da Barrra; a 29 de julho, em Nazaré; a 02 de agosto, em Saco do Rio Grande; a 09 de agosto, em Rosário de Lavras; a 12 de agosto, em Ibituruna; a 24 de agosto, em Santo Antônio do Amparo; a 26 de agosto, em Sant'Ana do Jacaré; a 30 de agosto, em Cana Verde; a 02 de setembro, em Perdões; a 06 de setembro, em Vila de Lavras; a 14 de setembro, em São João Nepomuceno; a 19 de setembro, em Porto de Mendes; a 22 de setembro, em Espírito Santo de Coqueiros; a 28 de setembro, em Três Pontas; a 19 de outubro, em Carmo da Divisa; a 29 de outubro, em Iguapé; a 04 de novembro, em Dores da Boa Esperança; a 15 de novembro, em Campo Belo; a 03 de dezembro, em Oliveira; a 14 de dezembro, em Santiago" (este elenco é encontrado no Santuário do Caraça – MG, Desenvolvido por Eduardo Almeida).

CAPÍTULO V

Dom Viçoso preocupava-se com o comportamento correto do clero e não faltaram naqueles anos providências muito severas. Como toda boa estratégia, todavia, sabia que só a formação dos jovens candidatos poderia dar resultados concretos e duradouros. Quando não saía para as Visitas Pastorais, dedicava muito do seu tempo aos seminaristas, pregando diretamente os retiros espirituais e cuidando pessoalmente dos exercícios espirituais dos candidatos à ordenação.

Muito insistia nas suas intervenções sobre a identidade cristã e sobre a identidade do sacerdote, partindo do comentário de um trecho do Evangelho ou das cartas do apóstolo Paulo.

Naquela ocasião dirigiu a meditação do retiro espiritual, lendo este trecho que São Paulo escreveu aos habitantes de Corinto:

— Como o corpo é um, embora tenha muitos membros, e como todos os membros do corpo, embora sejam muitos, formam um só corpo, assim também acontece com Cristo. De fato, todos nós, judeus ou gregos, escravos ou livres, fomos batizados num só Espírito, para formarmos um só corpo, e todos nós bebemos de um único Espírito. Com efeito, o corpo não é feito de um membro, apenas, mas de muitos membros. Se o pé disser: "Eu não sou mão, portanto não pertenço ao corpo", nem por isso deixa de pertencer ao corpo. E se o ouvido disser: "Eu não sou olho, portanto não pertenço ao corpo", nem por isso deixará de pertencer ao corpo. Se o corpo todo fosse olho, onde estaria o ouvido? Se o corpo todo fosse ouvido, onde estaria o olfato? De fato, Deus dispôs os membros, e cada um deles, no corpo, conforme quis. Se houvesse apenas um membro, onde estaria o corpo? Mas, de fato, há muitos membros e, no entanto, um só corpo. O olho não pode dizer à mão: 'Não preciso de ti', nem a cabeça dizer aos pés: 'Não preciso de vós'. Bem mais ainda, mesmo os membros do corpo que parecem ser os mais fracos, são indispensáveis. Também os membros que consideramos menos honrosos, a estes cercamos com maior honra; e os que temos por menos decentes, nós os tratamos com maior decência. Os que consideramos decentes não precisam de cuidado especial. Mas Deus, quando formou o corpo, deu maior honra ao que nele é tido como sem valor, para que não haja divisão no corpo, mas, pelo contrário, os membros sejam igualmente solícitos uns pelos outros. Se um membro sofre, todos os membros sofrem com ele; se um membro é honrado, todos os membros se regozijam com ele. Vós todos sois o corpo de Cristo e, individualmente, sois membro desse corpo.

 Dom Viçoso fechou o livro e, voltando os olhos sobre todos, concluiu:

 – Gostaria que hoje meditassem sobre esta palavra. Todos nós... todos... somos corpo de Cristo... e todos nós... todos... somos seus membros.

 E após uma longa pausa:

 – Quem tem ouvidos para entender, entenda.

Foi um dia muito intenso para o bispo, que se colocou à disposição de todos que quisessem falar com ele... um daqueles dias que marcou uma reviravolta. Aconteceu, de fato, alguma coisa que levou alguns seminaristas a assumirem um comportamento diferente entre os próprios companheiros e em particular no relacionamento com Victor.

Claramente não faltaram algumas opiniões dos mais hostis, que viram na mudança dos outros a manifestação de "fraqueza". Em todo caso, desde aquele dia, Victor passou a não ficar mais sozinho.

O reitor que, com muita discrição, observava, não deixou de informar dom Viçoso. Este, sabendo por experiência que se deve bater no ferro enquanto é quente, decide, de acordo com o cônego Antônio Manuel, que nos períodos em que se encontrasse em Mariana haveria de celebrar ele a missa aos seminaristas. No calor daqueles acontecimentos, teve oportunidade de debater sobre alguns temas que dirigia aos jovens como motivo de meditação depois da missa.

Uma manhã a proclamação do Evangelho foi-lhe particularmente favorável: falava de quando Jesus lavou os pés dos seus discípulos.

– Filhos meus – disse o bispo em tom amargurado –, entenderam bem as palavras de nosso Senhor Jesus Cristo? "Vós me chamais de Mestre e Senhor, e dizei bem, porque sou. Se eu, o Senhor e Mestre, vos lavei os pés, também vós deveis lavar-vos os pés uns aos outros".

Então, parou e olhou um a um no rosto, depois retomou:

– Nós não estamos nos tornando sacerdotes... vocês não se tornarão sacerdotes... para ser servidos... para se transformarem em senhores... Nós não somos semelhantes aos duques, aos marqueses, aos potentes deste mundo... Nós, portanto, não pensamos nem agimos como eles. "Entre vós não deve ser assim", disse claramente Jesus e acrescentou: "quem dentre vós quiser ser grande, faça-se vosso servo... quem quiser ser o primeiro entre vós, seja o servo de todos". Esta é a essência de nosso sacerdócio. Recordem bem, portanto, quem quiser ser grande entre vocês, faça-se servo de todos!

Essas palavras eles as tinham escutado outras vezes, mas agora, pronunciadas por aquele homem com tanta convicção, não poderiam ficar indiferentes.

Nos seminaristas do alojamento do terceiro ano, veio rápido na mente a imagem de Victor. Ele fora serviçal quando considerado e tratado com desprezo, como um escravizado negro, e continuava a ser serviçal com todos, inclusive com aqueles que agora recusavam que fosse ele a engraxar os sapatos, a lavar as ceroulas, a arrumar as camas...

— Fiquem tranquilos! — lhes assegurava. — Para mim não custa nada! — demonstrando-se assim mais forte de todos, maior que todos eles.

Como havia previsto dom Viçoso, o tempo mostrou-se senhor de tudo; a paciência, a tenacidade e, sobretudo, o exemplo de Victor fizeram o melhor: muitos companheiros tornaram-se seus admiradores e os mais teimosos passaram a respeitá-lo como ser humano. Somente para os estudantes do terceiro ano, próximo ao final do ano acadêmico — por volta de outubro de 1849 —, se aproximava a possibilidade de começarem a receber a Tonsura e as Ordens Menores.

Sem perder tempo o reitor, cônego Antônio Manuel de Figueiredo, apresentou-se ao bispo dom Viçoso com a relação dos possíveis candidatos, concluindo:

– Excelência, é necessário naturalmente acrescentar também o seminarista Victor.

O cônego José Pedro imediatamente interveio dizendo:

– Excelência, permito-me recordar-lhe que para o seminarista Victor não se pode fazer da mesma forma que os outros. Existem vários impedimentos canônicos – e começou a ladainha de normas de Direito canônico e de disposições das *Constituições Primeiras do Arcebispado da Bahia*, que diziam respeito à família (em geral) e, portanto, à irregularidade do nascimento (*ex defectu natalium*) e... depois ainda se necessitava fazer uma indagação sobre a vida e a conduta (*de vita et moribus*)... E continuava a falar utilizando uma terminologia técnica em latim, de modo a colocar mais ênfase nas dificuldades. – E não é só, Excelência Reverendíssima. Quem lhe constituirá o Sacro Patrimônio?

Nesse ponto o bispo não mais se conteve e o interrompeu dizendo:

– Cônego José Pedro, agradeço-lhe por ter-me recordado estas normas, que bem as conheço, mas apesar de tudo isso me diga como poder resolver esse caso... não permitamos que a lei se torne o nosso machado. A lei deve nos ajudar, deve nos guiar, não sufocar. Indique ao reitor o que deve ser feito para encontrar uma solução positiva...

O secretário, no fundo, não era mau; era simplesmente um escrupuloso daqueles que temem que o mundo caia, se não é observada com precisão a norma estabelecida pelo

Direito. Sentiu-se recompensando pela confiança do superior e indicou fórmulas e procedimentos para resolverem todo e qualquer impedimento canônico.

Foi assim que, em 17 de outubro de 1849, Victor encaminhou um requerimento ao vigário-geral para pedir-lhe a habilitação da família (*de genere*), porquanto fora sempre Católica Romana e jamais fora marcada por algum crime ou ilegalidade, e isto não o tornava inapto ao estado eclesiástico.

Ao vigário-geral se impunha uma pesquisa em Campanha não só sobre a família, mas também "sobre a vida e a conduta" (*de vita et moribus*) de Victor como pessoa. E foi feita cuidadosamente, obedecendo-se a todos os procedimentos burocráticos: foram ouvidas testemunhas, exigindo-se as assinaturas com o reconhecimento dos chanceleres, tabeliães e vigários...

Em 3 de dezembro chegou a primeira resposta do ofício judiciário, onde se declarava que não existia nenhuma pendência referente "ao suplicante Francisco de Paula Victor". Um mês depois chegou o resultado da pesquisa feita pelo pároco de Campanha, padre João Damasceno Teixeira: "As testemunhas", escreveu, "que juraram nesta investigação posso garantir que são dignas de fé e disseram a verdade, pois são minhas conhecidas. Nenhuma apresentou qualquer observação contra o *habilitando*, de modo que posso informar, Vossa Senhoria, que as suas virtudes são de conceito público em geral, desfrutando, assim, do respeito e da admiração de todos aqueles que o conhecem. Honra-me poder informar a Vossa Senhoria, a quem me coloco para servir. Campanha, 3 de janeiro de 1850. Seu humilde servo".

A pesquisa pôs em evidência não só que sobre a família ou sobre a pessoa de Victor não existia pendência alguma, mas mostrou de uma vez por todas que havia uma exaltação das suas virtudes e uma declaração de grande estima entre as pessoas que o conheciam. Em razão disso o jovem foi colocado na posição de *habilitando*, que lhe dava a possibilidade de enfrentar as dificuldades posteriores.

Em 1º de fevereiro de 1850 endereçou ao bispo o seguinte requerimento, dando conhecimento de seu currículo escolar: "Excelência Reverendíssima, o abaixo assinado Francisco de Paula Victor, seminarista interno, que nesses onze meses de residência no seminário frequentou as aulas de Teologia moral, Canto e Cerimonial, tendo já estudado em Campanha a Gramática Latina, atualmente está frequentando as aulas de francês, pretendendo servir melhor a Deus e a Igreja no estado sacerdotal, pede receber as Ordens Menores, Subdiaconato e Diaconato, se for da vontade de Sua Excelência Reverendíssima, e por isso é indispensável submeter-se ao exame das respectivas matérias. Portanto, suplica a Sua Excelência Reverendíssima conceda-lhe a graça de admiti-lo ao exame, fixando-se dia e hora".

Normalmente, os pedidos dos seminaristas passavam sempre pelo escritório do reitor; além disso, deveriam se fazer acompanhar por um documento redigido pelo responsável da formação, onde sobre a mesma folha o cônego Antônio Manuel acrescentou: "Atesto que o seminarista Francisco de Paula Victor tem sido exemplo de um comportamento irrepreensível e uma frequência aos sacramentos. Mariana, 7 de fevereiro de 1850. O reitor Antônio Manuel de Figueiredo".

Dois dias depois, o Chanceler fez chegar à mesa do bispo o pedido recomendando a concessão do quanto era pedido. Dom Viçoso, com o coração feliz por saber que o comportamento de Victor impelia os responsáveis a exprimir-se de modo bem positivo, escreve sobre a mesma carta: "Admito, compareça hoje mesmo para o exame". E junto com o vigário-geral e o reitor constitui a comissão examinadora.

Victor se apresentou e submeteu-se aos exames de gramática latina, de música e canto, de cerimonial, ou seja, de tudo quanto está regulado nas várias cerimônias do ano litúrgico e das Horas canônicas, e, por fim, de francês. Sobre aquela mesma folha os examinadores escreveram que a prova estava superada e o candidato fora admitido a receber as Ordens Menores do Ostiarato, do Leitorato, do Exorcisato, do Acolitato, e da primeira das Ordens Maiores, o Subdiaconato.

A notícia foi comunicada pelo reitor em pessoa. Um aplauso geral se fez ressoar no alojamento. Victor desabou em lágrimas. Eram lágrimas de alegria, finalmente!

Dessa vez todos os companheiros, indistintamente, se aproximaram para demonstrar-lhe de modo concreto a alegria e a estima de todos eles.

Victor, entretanto, esperava e esperava sempre.

Notas bibliográficas

O início do capítulo sobre dom Viçoso foi inspirado no que escreveu sobre ele PIMENTA SILVÉRIO GOMES, *Vida de D. Antônio Ferreira Viçoso, bispo de Mariana e conde da Conceição*, Mariana, Tipografia Arquiepiscopal, 1920, *passim*, e TRINDADE RAYMUNDO, *Arquidiocese de Mariana – subsídios para a sua história*, Imprensa Oficial, Belo Horizonte, 1953, *passim*.

A passagem lida por Dom Viçoso é encontrada em 1Cor 12,12-27; em seguida, a referência ao lavapés é de Jo 13,1-17 e a alusão a servir é de Mc 10,35-45.

Do que se refere à atitude de Padre Victor, levou-se em consideração ainda o artigo publicado no jornal *A Campanha* (v. BD, 70).

Relatamos aqui a sequência dos pedidos do clérigo Victor pela superação dos diversos problemas canônicos:

a) a Súplica pela habilitação da família (*de genere*): "Illm.º e Rev.mo Sn.º Vigr.º Geral, Diz Francisco de Paula Victor, Seminarista Claustral, que para effeito de receber Ordens, quando for do agrado de S. Ex.cia o S.r Bispo, precisa habilitar-se de Genere, para o que quer o supponente justificar o eg.ᵉ 1º. It. que o supp.ᵉ he nascido, e baptizado na Freguesia da Cidade da Campanha deste Bispado, filho natural de Lourença Justinianna de Jezus, e neto por parte da mesma de Maria de Jezus. 2º. It. que o mesmo Supponente por si e por seos ascendentes he dito, e havido por Catholico Romano; e quanto á sua geração, não se acha incurso em crime ou defeito, que o inhabilite para o Estado Ecclesiastico, que pretende: por que P.a V. Revm.ª haja por bem de mandar proceder as deligenças requeridas digo as delig.ᵃˢ do Estado, concedendo os M.ᵈᵒˢ Can.ᶜᵒˢ dirigidos aos Rv.ᵈᵒˢ Vig.ᵒˢ da Vara, e Parocho do Lugar. E. R. M.ᶜᵉ

Como requer. Marianna 17 de Outubro de 1849 (FRANCISCO ROIZ – DE) PAULA" (BD, 71-72).

b) Resultado da pesquisa *de vita et moribus* de Victor em Campanha, comunicada pelo pároco: "Ill.mo R.mo S.r Vig.o Geral, As Testemunhas, que jurarão nesta inquisição são dignas de fé, e disserão verdade p. mim reconhecidas.

Nenhuma observação tendo a fazer contra o Habilitando só posso informar a V. S. que suas virtudes lhe tem granjeado o publico conceito, que goza, assim como o respeito e veneração de todos, que o conhecem.

He o que tenho a honra informar a V. S. que o que for servido. Cid.e da Campanha 3 de Jan.ro 1850.

Sou D. V. S. humilde servo JOÃO DAMASCENO TEIXEIRA" (BD, 73).

c) um documento composto (BD, 74) que seria lido na seguinte sucessão: nos primeiros dias de fevereiro de 1850, Victor, expondo o *curriculum* de estudos, pede ao bispo ser admitido ao exame nas várias matérias para poder ascender às ordens: "Diz Francisco de Paula Victor, Seminarista Claustral, onde tem residido a onze meses e frequentado pelo dito tempo as Aulas de Theologia Moral, Canto e Cerimonia, tendo estudado na Campanha, Gramatica Latina e presentemente frequentando a Aula de Francez, que dezejando servir melhor a Deos e á Igreja no Estado Sacerdotal, quer ascender ás Ordens Menores, Subdiaconato, e Diaconato, quando for do agrado de V. Ex.cia R.ma para o que he indispensável fazer exame das materias respectivas. Por isso supplica a V. Ex.cia Rm.a a graça de o admittir, marcando-lhe hora certa para o dito Exame".

Verificou-se também o atestado da conduta que teve no seminário no qual o Reitor, a 7 de fevereiro, escreve: "Attesto que o Sem.º Francisco de Paula Victor tem sido exemplar por sua conducta irreprehenzivel, e frequentar os sacramentos. Mar. na 7 de fevr.º 1850. O Reitor An.to M.el de Fig.do".

Desse modo, o pedido chega sobre a mesa do bispo com parecer positivo também do Chanceler: "P. V. Ex.cia R.ma haja por bem deferir-lhe; de cuja a graça".

Em 9 de fevereiro o bispo concede a admissão e fixa no mesmo dia o exame: "Admitido, compareça hoje a exame. Marianna, 9 de Fever.º 1850. + Ant.º B.po de Mar.na".

O exame foi realizado perante o bispo, o vigário-geral e o reitor: "Examinado e approvado em mesa p.ª Menores e Subdiacono, Mar.na 9 de Fev.º de 1850. PAULA – REGO, Reitor". Do ponto de vista acadêmico é também declarado idôneo e recebe as Ordens Menores.

CAPÍTULO VI

– Considerando que tudo transcorreu da melhor forma – exortou dom Viçoso diante daqueles que considerava seus mais próximos colaboradores –, decidi inserir Victor no grupo dos seminaristas que deverão receber a Tonsura e depois as Ordens Menores. Por isso reverendo cônego Antônio Manuel, na qualidade de reitor, entregue-me a relação completa e prepare os candidatos. Decidi fazer a celebração no início desta Quaresma, escreva: sábado depois das cinzas, isto é, 15 deste mês, farei a Tonsura, depois na manhã de quinta-feira, 20 de fevereiro, conferirei as Ordens Menores, enquanto no sábado, dia 23, o Subdiaconato. Na cerimônia de ordenação subdiaconal, poderão participar eventualmente também os familiares.

Poucas horas depois o reitor se apresentou novamente no escritório do bispo para comunicar a lista dos candidatos:

– São ao todo oito: Antônio Augusto de Abreu Carmo, Antônio Firmino Rofino, Francisco de Paula Victor, Felipe José Correa de Melo, Delfino José Rodrigues, Poncianno Ferreira de Abreu, José Virgolino de Paula, Cândido Fernandez Braga.

O secretário, cônego José Pedro, acabou fazendo um comentário inoportuno, mas todos começaram a rir.

Quando o reitor comunicou oficialmente os nomes, os candidatos não couberam mais em si de tanta alegria. Começaram os preparativos, as provas... Em suma, todo o seminário entrou em grande e alegre vibração diante daquela notícia.

No sábado depois das cinzas, antes da celebração da missa, o bispo sentou-se diante do altar, e o cônego José Pedro procedeu à chamada dos candidatos. Estes, com uma vela acesa na mão direita e a veste dobrada sobre o braço esquerdo, chamados pelo nome, aproximavam-se dizendo: "Presente". E fazendo uma inclinação diante da Cruz e do bispo, colocavam-se de joelhos em torno do altar, de modo a formarem um semicírculo. Depois das orações e das cerimônias do rito, dom Viçoso cortou com a tesoura cinco tufos de cabelos de cada um: sobre a fronte, sobre a nuca, sobre as orelhas, ao centro da cabeça, depois os revestiu da veste.

Cerimônia parecida, mas muito mais complexa, aconteceu no dia 20 para a atribuição das Ordens Menores.

No sábado, 23 de fevereiro, nem mesmo havia amanhecido, o seminário já estava todo em movimento. Os familiares dos ordenandos estavam dispostos na capela, de modo a poderem ver melhor as várias fases da cerimônia.

Os candidatos fizeram um semicírculo diante do presbitério, depois de serem chamados pelo nome um a um pelo cônego José Pedro. Em seguida o bispo os exortou com estas palavras:

– Hoje vocês estão para dar um passo importante em suas vidas. Refletiram sobre a escolha que estão por realizar, para que não venham a se arrepender no futuro. Se estiverem convictos, deem um passo à frente e prostrem-se sobre o piso.

A tranquilidade e a solenidade com que dom Viçoso pronunciou aquelas palavras criaram um clima adequado, de modo que a oração, embora dita em latim, parecia ser compreendida por todos. Em seguida cada um dos candidatos veio revestido dos paramentos típicos de sua Ordem...

A emoção era imensa, tanto dos candidatos como dos seus familiares. Victor vibrava de alegria, porque naquele momento começava a retribuir dona Marianna por sua dedicação.

Terminada a cerimônia e as comemorações, dom Viçoso estava entretido com os familiares. Dona Marianna lhe apresentou o filho Antônio José Tibúrcio e a nora Rita de Cássia Theatonia de Jesus, e não cessava de agradecer-lhe do quanto havia feito pela boa escolha de Victor.

– O jovem, com seu comportamento e com a sua constância – respondeu-lhe o bispo –, é merecedor de tudo em razão de seu sacrifício. O meu mérito, ao invés, foi somente ter acreditado na sua vocação e ter-lhe permitido corresponder, superando o preconceito dos homens. Ele, depois, conquistou a estima de todos, – e concluiu com um convite: – Poderia ter a gentileza de falar a sós com a senhora? – e a fez acomodar-se no seu escritório.

Com a firmeza habitual que o distinguia, entrou rápido no assunto:

– Dona Marianna, existe ainda outro obstáculo para superar, mas não me preocupo. Tenho, ao contrário, necessidade de deixar claro outro aspecto para poder eventualmente orientar-me e agir com consequência. Sabe que, segundo está previsto no Direito Canônico, todos os clérigos que pretendem ascender às ordens sacras podem ser ordenados apenas se estiverem provisionados do patrimônio sagrado necessário doado pelos próprios familiares. Um pouco daquilo que representa o dote no âmbito civil. Existe essa previsão para que o sacerdote, no caso de doença e de velhice, possa ter uma vida digna e não cair na indigência. Não quero que esse patrimônio, como frequentemente ocorre, seja fictício, mas real. Peço-lhe, então, se para o reverendo Victor pode a senhora, dona Marianna, providenciá-lo, ou devo procurar um benfeitor.

A senhora, sem pensar duas vezes, respondeu:

– Excelência Reverendíssima, providenciaremos nós. Digo providenciaremos nós porque deverei partilhar uma propriedade nos limites da fazenda, com o que concorda o aqui presente meu filho Antônio José e sua mulher... Fique tranquilo, Excelência Reverendíssima, peça ao seu secretário que me explique o que devemos fazer e o faremos... A nossa satisfação é permitir a possibilidade de realizar a vocação de um jovem desejoso de servir o Senhor e a Igreja. Hoje experimentamos uma alegria imensa ao vê-lo servir o altar.

Em 27 de julho de 1850, na casa de dona Marianna na Fazenda Conquista, o notário redige uma escritura de doação de alguns terrenos cultivados e de pasto, que passaram a lhe pertencer depois da morte do marido, em razão da meação, por um valor de oitocentos réis, "ao Reverendo Francisco de Paula Victor" para constituir "o patrimônio e poder receber as últimas Ordens Sacras". Providenciou também o registro da escritura, contando sempre com a concordância de seu filho e de sua nora. Assim também essa dificuldade estava superada.

Restava aquilo que juridicamente poderia parecer o obstáculo maior: "a irregularidade do nascimento (*ex defectu natalium*), uma vez que Victor, sendo filho ilegítimo de uma pessoa que não era casada regularmente, não poderia ascender ao sacerdócio".

Evidentemente para dom Viçoso não era assim, porque estava firmemente convencido de que poderia, com seus poderes episcopais, resolver o impedimento.

O cônego José Pedro, em 14 de dezembro de 1850, fez com que Victor escrevesse o seguinte pedido: "Excelência Reverendíssima, o abaixo assinado *habilitando* Francisco de Paula Victor, a fim de poder receber, quando o Senhor achar oportuno, as Ordens Sacras, suplica a Vossa Excelência Reverendíssima fazer-lhe a gentileza de dispensá-lo da irregularidade do nascimento (*ex defectu natalium*) com Sua pessoal disposição".

O pedido foi regularmente aprovado pelo chanceler e pelo vigário-geral depois de apenas três dias, restando exaurida nos termos mais amplos que se poderia prever.

Dom Viçoso determinou que o próprio vigário-geral, mons. Francisco Roiz de Paula, redigisse o documento de habilitação final e depois o lesse para Victor diante de seus companheiros:

– Considerando as informações relativas à família do *habilitando* Francisco de Paula Victor, das quais se evidencia que é nascido e batizado na paróquia da cidade de Campanha, desta Diocese, filho natural de Lourença Maria de Jesus, e neto materno de Maria de Jesus, e provado além disso que o mesmo *habilitando* sabe que os seus ascendentes são Católicos Romanos, e que a sua família não é incursa em nenhum crime ou ilegalidade alguma, é considerado habilitado ao Estado Eclesiástico que quer abraçar, e para o qual obteve dispensa da irregularidade por defeito de nascimento (*ex defectu natalium*), para que possa receber as Ordens. Portanto, Francisco de Paula Victor é declarado oficialmente *habilitado* a receber a Primeira Tonsura, as quatro Ordens Menores e as Ordens Maiores do Subdiaconato, Diaconato e Presbiterato.

Agora a estrada estava aplainada. Sábado, 15 de março de 1851, na Capela do Seminário, dom Viçoso conferiu o diaconato a Victor e aos seus companheiros.

Em primeiro de junho o diácono remeteu a seguinte correspondência ao bispo: "Excelentíssimo e Reverendíssimo Senhor, o abaixo assinado Diácono Francisco de Paula Victor, para melhor servir a Deus e a Igreja, pretende ascender à Sagrada Ordem de Presbítero e Confessor, e não podendo fazê-lo sem demonstrar-se habilitado em Teologia moral, suplica a Sua Excelência conceda-lhe a graça de admiti-lo ao exame".

O bispo fixou o exame para o dia 10 de junho, terça-feira depois de Pentecostes, diante da comissão formada por ele mesmo, pelo vigário-geral, pelo reitor e pelo professor de Teologia moral. O resultado foi: "Examinado e aprovado como Presbítero e Confessor".

Sábado, 14 de junho de 1851, os sinos da capela do seminário começaram a tocar logo que amanheceu, seguidos dos sinos da catedral e, na sequência, das outras igrejas. Ao som alegre que se espalhava por toda Mariana, formou-se no portão principal do seminário uma longa procissão aberta pela cruz e pelo círio. Dispostos em duas filas, saíram primeiro os seminaristas do primeiro ano, em seguida aqueles dos outros anos, depois os clérigos e os diáconos que seriam ordenados sacerdotes, seguidos pelos sacerdotes que ensinavam no seminário. O reitor, cônego Antônio Manuel de Figueiredo, fechava a longa fila. Foram recebidos na catedral por dom Viçoso, acompanhado pelo arcipreste Joaquim Antônio Andrade Bemfica, pelo vigário-geral e pelos cônegos.

Quando os ordenandos entraram, os sinos pararam de tocar, momento em que o magnífico órgão começou a difundir suas notas harmoniosas, dando-se início à liturgia solene.

Os diáconos foram colocados no centro da igreja com a casula sacerdotal sobre o braço esquerdo e na mão direita uma vela acesa. No momento certo o cerimoniário os chamou pelo nome:

– Antônio Augusto de Abreu Carmo.

– José Virgolino de Paula.

– Delfino José Rodrigues.

– Francisco de Paula Victor.

– Felipe José Correa de Melo.

– Poncianno Ferreira de Abreu.

– Cândido Fernandez Braga.

– Antônio Firmino Rofino.

Respondendo: "presente", todos se puseram em semicírculo diante do presbitério.

– Filhos caríssimos – disse dom Viçoso –, antes de receberem a Ordem do Presbiterato, vocês devem manifestar diante do povo de Deus a vontade de assumirem o encargo. Querem exercer o Ministério Sacerdotal por toda a vida no grau de Presbítero como fiéis colaboradores dos Bispos no serviço do povo de Deus, sob a direção do Espírito Santo?

– Sim, quero – foi a resposta em coro dos candidatos.

– Querem cumprir digna e sabiamente o ministério da Palavra na Pregação do Evangelho e no ensinamento da Fé Católica?

– Sim, quero.

– Querem celebrar com devoção e fidelidade os mistérios de Cristo segundo a tradição da Igreja, especialmente no sacrifício eucarístico e no sacramento da reconciliação em louvor a Deus e pela santificação do povo cristão?

– Sim, quero.

– Querem, juntamente conosco, implorar a divina misericórdia pelo povo que lhes for confiado, dedicando-se assiduamente à oração, como ordenou o Senhor?

– Sim, quero.

– Querem estar sempre mais unidos intimamente a Cristo Sumo Sacerdote que, como vítima pura, se ofereceu ao Pai por nós, consagrando vocês mesmos a Deus junto com ele para a salvação dos homens?

– Sim, quero, com a ajuda de Deus – foi a resposta em coro, na qual sobressaía a voz de Victor, pois possuía um timbre grave.

O bispo continuou:

– Prometem a mim e aos meus sucessores filial respeito e obediência?

– Prometo.

– Deus, que iniciou em ti esta obra, possa levar-te ao cumprimento – concluiu, olhando um a um.

Depois, conforme estava previsto no ritual, os candidatos prostaram-se ao chão, tendo início a ladainha de todos os santos, acompanhada pelo órgão.

Terminada a ladainha, todos se levantaram e, um a um, foram ajoelhar-se diante de dom Viçoso. Ele impôs-lhes as mãos sobre a cabeça e fez a oração de consagração:

– Dai, Pai onipotente, a estes vossos filhos a dignidade do presbiterato. Renova neles a efusão de vosso Espírito de santidade; cumprindo fielmente, ó Senhor, o ministério do segundo grau sacerdotal que de vós receberam e com exemplo de vida possam guiar a todos a uma íntegra conduta de vida. Sejam dignos cooperadores das ordens episcopais, para que a palavra do Evangelho que irão pregar, com a graça do Espírito Santo, frutifique no coração dos homens e alcance os confins da terra. Sejam conosco fiéis dispensadores dos vossos mistérios, para que seu povo seja renovado com a purificação de regeneração e alimentado na mesa de vosso altar; possam reconciliar os pecadores e os doentes recebam consolo. Sejam unidos a nós, ó Senhor, para implorar a vossa misericórdia pelo povo a eles confiado e pelo mundo inteiro. Assim, a multidão das gentes, reunida a Cristo, transforme-se no vosso povo único, até a consumação do vosso Reino.

Em seguida, passou a vestir os hábitos sacerdotais, sendo ajudado pelo arcipreste. Dom Viçoso aproveitou esse tempo para explicar aos presentes aquilo que estava realizando:

– Com a imposição das mãos receberam uma participação no sacerdócio do Senhor e tornaram-se semelhantes a ele no dom do Espírito; em seguida receberam a unção das mãos, uma unção que não é apenas ritual e externa, mas essencialmente interior, que imprime a cada um dos ordenandos o caráter sacerdotal.

O seu coração estava cheio de alegria, e chamando ele mesmo pelo primeiro nome os neopresbíteros, ungiu as palmas das mãos de cada um, ajoelhados diante dele, dizendo:

– O Senhor Jesus Cristo, que o Pai consagrou em Espírito Santo e poder, te conserve para a santificação de seu povo e pela oferta do sacrifício.

Depois entregou a cada um o pão com a patena e o cálice com o vinho, dizendo:

– Recebe as ofertas do povo santo pelo sacrifício eucarístico. Presta contas daquilo que fizeres. Toma por modelo o que celebrares. Tenha como modelo em tua vida o mistério da Cruz de Cristo Senhor.

A solenidade dos gestos e das palavras envolveu os candidatos, familiares e toda a gente de tanta emoção, que só o som doce do órgão fez com que se derramassem em lágrimas.

Ao final da celebração, os neossacerdotes se colocaram em fila para agradecer o bispo. Dom Viçoso abraçou todos com grande entusiasmo. Quando foi a vez de Victor, abraçou-o com força e, sentindo sua grande comoção, chorou com ele.

O sonho de Victor havia se tornado realidade.

Depois, os neossacerdotes se colocaram de modo que os familiares e fiéis pudessem beijar-lhes as palmas das mãos abertas. Um bom número de pessoas, quando se encontrava diante de Padre Victor, fez uma simples reverência e passou a outro.

Notas bibliográficas

O quanto escrito neste capítulo baseia-se sobre a documentação referida pela BD, 66-69, 74-78. Particularmente sobre o registro da doação feita por dona Marianna para constituir o sacro patrimônio. Eis as partes mais importantes da Escritura: "Saibão quantos a este publico instrumento de escriptura de duaçam para Patrimonio virem, que sabendo no anno do Nascimento de Nosso Senhor Jezus Christo, de mil e oito centos e cincoenta, vigesimo nono da Independencia e do Imperio, aos vinte e sete dias do mez de Julho do dito anno nesta Cidade da Camp.a Comarca do Rio Verde, em casa de D. Marianna Barbara Ferreira, onde eu escrivão a adiante nomeado servindo, ahy comparecerão presente a dita D. Marianna Barbara Ferreira como obtorgante, e o ajudante Manoel da Costa Ferreira Neves na qualidade de Procurador pelos poderes de uma procuração bastante que aprezentada, diante vai transcripta do Padre Francisco de

Paula Victor como outorgado todos de mim pela propria de q. tracto e dou fé, q. ella obtorgante Duadora D. Marianna Barbara Fer.a foi dito em presença das testemunhas adiante nomeadas, e abaixo assignadas q. p.r falecimento do Seu marido Liberato Jose Tiburcio (ilegível) judicialm.e a inventaria e as partilhas nos bens de seu cazal, e coube a ella em sua miaçam na Fazenda de cultura e campos de criar na Fazenda denominada a Conquista distante dita cidade duas leguas, cuja parte de sua miação na dita Fazenda como consta da certidam extrahida do Inventario e partilha de muito sua livre vontade e sem constrangimento de pessoa alguma, antes a beneplacido de seu unico filho, e herdeiro Antonio Jose Tiburcio e sua mulher Rita de Cassia Theatonia de Jezus, duava e de facto duado tem ao Reverendo Francisco de Paula Victor para nas mencionadas terras de culturas e campos fazer o seu patrimonio p.a concluir, tomar as ultimas Ordens, e apesar de ser a sua avaliaçam maior de oito centos mil reis, ter m.to de sua livre vontade, e de seu filho e de sua Nora, q. tudo fizeram no valor de oito centos mil reis, p.a o patrimonio do dito Padre Fran.co de Paula Victor o q.l poderá possuir desfrutar, por e dispor como bem lhe aparecer. E pelo Procurador do Reverendo duado Manoel da Costa Fer. ra Neves foi dito q. em nome de seu constituinte aceitou a presente escriptura na forma acima declarada e no Tabelian com a (ilegível) publica tão bem aceita em nome das mesmas e de q.m mais haja e deva de aceitar, e por sua (ilegível) as palavras de haver pagos direitos (corroído) os quais são do theor e afirma o seguinte. Numero dois Silveira = renda geral. Pagou o Revendo Franc.co de Paula Victor por elle (ilegível) respectivos de novos e velhos direitos (ilegível) financeiro de mil oito centos e cinquenta a mil oito centos e cinquenta e um a quantia de reis. Trinta talvez mil reis proveniente da declaração feita de quatro por cento na quantia (corroído) de oito centos mil reis valor da duaçam que lhes foi feita para o seu patrimonio como no theor constar a da escriptura publica que servir possam. [...]

1º Que a Supp.e doadora fez a doação de m.to Sua livre vontade, sem indozim.to, arte, engano, modo, ou outro qual quer colloio ou constrangin.to de pessoa alguma.

2º Que a doação não ofende a herd.ro algum necessário da supp.e p.r q. o unicio q.e ella tem achace e assigno a Escritura; e não involve prejuízo de terceira p.s (pessoa).

3º Que as terras doadas, q. formão a doação da Supp.e acham-se livres e desembargadas de q.l qualquer onus ou encargos. E para justificar todo o sobred.o a supp.e [...] Nos abaixo assinados Doadora, filho unico herdeiro, e mulher do mesmo, confirmamos a Doação feita, const.e de Escriptura presente, e o affirmamos se necessário for debaixo de Juramento. Cidade da Campanha 28 de Setembro de 1850. MARIANNA BARBARA FERREIRA, ANTONIO JOSE TIBÚRCIO, RITA DE CASSIA THEATONIA DE JEZUS".

Pedido, dispensa da irregularidade de nascimento (*ex defectu natalium*) e habilitação para receber as Ordens Sacras: "O Hab.o Francisco de Paula Victor afim de lentamente receber Ordens Sacras supplica a V. Ex.a Rm.a lhe faça a graça despensar da Irregularid.e ex defectu natalium para Ordens somente // P. a V. Ex.a Rm.a se Digne de fazer-lhe benignam.te, pago o Sello competente. //E. R. M.cê

A conclusão final Mariana 14 de dezembr.o de 1850 (FRANCISCO ROIZ – DE) PAULA.

Dispensa: Vistos estes Autos de Genere do habilitando Francisco de Paula Victor, delles se mostra ser o proprio nascido, batizado na Freguezia da Cidade da Campanha deste Bispado, filho natural de Lourença Justiana (sic) de Jesus, e neto por parte da mesma de Maria de Jesus. Prova-se mais q. o mesmo habilitando tanto por si, como pelos seos Ascendentes he tido, e havido por Catholico Romano, e quanto a sua geração não se acha incurso em crime, o defeito algum, q. o inhabilite para o Estado Ecleziastico, q. pretende; pelo q. tendo elle obtido dispença da irregularidade ex defectu natalium para a recepção de Ordens, como se prova pelo documento junto a fls. 10, o julgo nesta parte habilitado para a recepção de Prima Tonsura, os quatro graos de Ordens Menores, e as Sacras de Subdiacono, Diacono, e Presbitero; e nesta forma se lhe dê sua Sentença, pagas as custas.

Marianna, 17 de Dezembro de 1850. FRANCISCO ROIZ – DE PAULA" (BD, 72-73).

Sobre este tipo de dispensa, v. LEFEBVRE-TEILLARD A., *Causa natalium ad forum ecclesiasticum spectat: un pouvoir redoutable et redouté*, in: "Cahiers de Recherches Médiévales et Humanistes" 7(2000) (http://crm.revues.org//index883.htmi); e sobretudo o clássico GENESTAL R., *Histoire de la légitimation des enfants naturels en droit canonique*, Paris, 1905, 43ss.

Da documentação relativa à ordenação diaconal e sacerdotal, referida pela BD a fls. 78-81, achamos útil referir somente aquela relativa a um tipo de certidão curricular e à ordenação sacerdotal: 1) "Illm.mo Rv.mo Sr., O Diacono Francisco de Paula Victor a bem de sua justiça preciza por certidão em relatório a dia, mez e anno em que foi baptizado e julgado por sentença, o genere, Patr.o, e do Livro da Matrícula o dia em que lhe forão conferidos as Ordens de Menores, Subdiacono, e Diacono por isso P. V. S. se Digne Mandar passar o supra. R. M.ce

 José Pedro da Silva Bemfica, Cônego Honorario da Cathedral de Marianna, Secretario do Bispado, Escrivão da Camara Episcopal por Sua Excellencia Reverendissima.

 Certifico, que dos Autos de Genere do Reverendo Diacono Francisco de Paula Victor consta que elle Habilitando fora baptizado aos vinte de Abril de mil oito centos e vinte e sette.

 Segundo assim se continha. Depois se via que foi habilitado de genere por Sentença aos 17 de dezembro de 1850 para Todas as Ordens, quaisquer honras e beneficies Eccleziasticos. Segundo assim se continha. Depois se via que do Patrimonio fora julgado valido aos oito de Março de mil oito centos e cincoenta e hum. Segundo assim se continha. Depois se via que aos vinte de fevereiro de mil oito centos e cincoenta recebera as Ordens de Menores, segundo assim se continha. Depois do respectivo Livro de Matrícula se ve que o respectivo habilitando recebera a sagrada Ordem de Subdiacono aos vinte e tres de fevereiro de mil oito centos e cincoenta, pelo Excellentissimo Bispo Diocesano Segundo assim se continha. Depois se ve que aos 15 de Março de mil oito centos e cincoenta e um recebeu a sagrada Ordem de Diacono pelo dito Excellentissimo Bispo Diocesano. Segundo assim se continha.

 Nada mais consta do respectivo Livro de Matrícula dos Ordenados com a declaração de que a Sentença de Genere sera som.e para ordens, e não para beneficios, e honras

Ecleziasticas e obteve despensa de Irregularidade e defecto Natalium, pagou a Taxa do Sello respectivo. Marianna, 14 de Junho de 1851. O P.e Joaquim Antônio de Andrade Bemfica, Secretario Interino do Bispado que o subscrevo e assignou. JOAQUIM ANTÔNIO DE ANDRADE BEMFICA".

À margem: "Bap.mo ao 20 de abril de 1827. Genere aos 17 de 10br.o de 1850. Ord.s aos 8 de Março de 1851. Menores aos 20 de fev.o de 1850. Subdiaconato aos 23 de fev.o de 1850. Diacono aos 15 de Março de 1851" (cf. BD, 81).

2) "1. Antônio Augusto de Abreu Carmo; 2. José Virgolino de Paula; 3. Delfino José Rodrigues; 4. Francisco de Paula Victor; 5. Felipe Je. Corra. de Mello; 6. Poncianno Fer. de Abreu; 7. Cândido Fez. Braga; 8. Ant.o Firmino de Ssa. Rofino. TERMO Aos 14 de Junho de 1851 Sua Ex.a Rma. confere a Ordem de Presbyteros aos 8 diaconos Supra, e para constar lavro o prezente Termo que assigno. O Arcipreste Joaquim Antônio Andrade Bemfica o escrevi. † ANTO. Bispo de Mar.na", v. BD, 80.

CAPÍTULO VII

Dona Marianna e padre Antônio Felipe de Araújo pensavam que Padre Victor pudesse retornar com eles a Campanha para celebrar a sua primeira missa, mas dom Viçoso disse-lhes que achava melhor ele permanecer em Mariana um pouco mais.

– Creio seja oportuno que o senhor, padre Antônio Felipe, prepare o terreno... uma coisa é imaginar, outra é levá-la adiante! Explico-me: mesmo que as pessoas de Campanha sejam mais abertas e favoráveis, é possível haver uma reação contrária do que tenhamos imaginado, pois é a primeira vez que verão um sacerdote negro. Que o Senhor nos perdoe!... Penso que também vocês observaram o que aconteceu na catedral depois da ordenação. Então, a prudência indica que façamos as coisas com calma. Não é necessário repreender as pessoas com aspereza, ainda que fosse o caso de fazê-lo, mas recordar expressões da Sagrada Escritura que constituem gotas: *gutta cavat lapidem* ("a gota fura a rocha"), dizem os latinos. O resto fará o exemplo e a graça do Senhor. Atente, o objetivo foi alcançado, mas prudência... prudência.

O velho vigário e mesmo Padre Victor mais uma vez ficaram admirados com os dotes daquele pastor simples como uma pomba, mas prudente como uma serpente.

Com a concordância do reitor do seminário, dom Viçoso determinou que Padre Victor celebrasse a missa em dias alternados na capela para os seminaristas e nas várias igrejas de Mariana, a começar pela Catedral.

Como previsto, aconteceu que em certas igrejas ninguém se aproximou para a comunhão; em outras se percebeu um número muito pequeno de pessoas em comparação ao normal... E mesmo na capela do seminário não faltaram ausências!

Padre Victor não se preocupava em demasia com a quantidade de pessoas, agradecia somente ao Senhor haver-lhe dado condições de servi-lo.

Depois de alguns dias da ordenação, dom Viçoso pediu para chamar Padre Victor e lhe disse:

– Estou de partida para a Visita Pastoral a Piranga e nas cidades do Turvo... o senhor fique aqui em Mariana até o fim da segunda metade de julho, depois vá a Campanha e se coloque à disposição do vigário até quando eu decida seu destino... Determinei que lhe deem um cavalo e vinte cruzeiros para a viagem, que é bem longa. Recomendo-lhe que faça bom uso e reze por seu bispo!

O neossacerdote, comovido, ajoelhando-se, beijou-lhe a mão:

– Excelência Reverendíssima, todos os dias da minha vida serão cobertos de lembranças do quanto tem feito por mim, pobre escravo negro! Peça ao Senhor me ajude a fazer o bem a todos quantos têm necessidade. Me abençoe, Excelência Reverendíssima, e tenha-me sempre nos seus pensamentos... a certeza de sua oração me sustentará nas provas que o Senhor bendito queira mandar-me.

Nesse momento nenhum dos dois falou coisa alguma, porque a emoção era intensa e seus olhos já estavam úmidos.

Em 27 de julho de 1851, um domingo, depois de celebrar a missa na capela, acompanhado do reitor e de grande parte dos seminaristas que o queriam bem, montou no cavalo e, deixando às costas o seminário, iniciou a viagem de retorno para sua terra natal.

Depois de quase uma semana, chegou a Campanha, ficando resolvido que no próximo sábado seria celebrada oficialmente a primeira missa na igreja matriz de Santo Antônio.

Foram grandes os preparativos de quem estimava o jovem, mas não faltaram comportamentos críticos daqueles contrários à abolição, já envenenados pela decisão do imperador dom Pedro II, que havia proibido o tráfico de importação dos negros da África. Ocultaram-se também muitos que sempre se declararam favoráveis a que um jovem campanhense, embora negro, se tornasse sacerdote; porém, depois que chegaram a essa conclusão, deixaram-se tomar pelo medo, como se aquilo fosse o início de um fim pouco glorioso para os brancos.

Alguns cavaleiros foram ao seu encontro na estrada da fazenda Conquista, de onde partiu o cortejo. Dona Marianna resolveu que, naquele dia, todos os seus subordinados teriam a possibilidade de festejar o neossacerdote. Ela abriu o cortejo conduzindo a charrete com Padre Victor ao lado, em seguida vinha a charrete do filho Antônio José com a nora Rita de Cássia, além de Lourença Maria de Jesus e Emígdeo, e depois os outros carros e os vários cavaleiros.

No começo da Rua Direita foi erguido um arco de plantas ornamentais com flores e bandeirinhas. Esperavam-nos a banda musical e as pessoas que vinham para se unir ao cortejo. Uma sequência de fogos de artifício demonstrou que a charrete com dona Marianna e Padre Victor estava chegando, momento em que a banda começou a tocar e as pessoas se preparavam para gritar vivas e aplaudir.

Dona Marianna parou junto do arco, onde desceu Padre Victor, que, a pé, prosseguiu o trajeto até a matriz. Parecia Moisés acompanhado de seu povo. Diante da igreja estavam as autoridades civis, o pároco e o clero. Os discursos elogiosos eram interrompidos por gritos de vivas e de felicidades, até que todos entraram na igreja para a missa cantada pelo jovem sacerdote.

O coro musical honrou aquele tom grave que a ele era característico. Entoou um solene *Kyrie* enquanto incensava o altar, em seguida chegou o momento em que Padre Victor cantou o *Glória in excelsis Deo*, com uma voz potente e grave, repleta da emoção que invadia a alma. Junto com aquelas notas, repetidas magistralmente pelo coro, percebia-se tanta emoção na igreja que poucos conseguiram conter as lágrimas.

No fim da missa, o neossacerdote fez sinal de querer falar. Fez-se rapidamente um grande silêncio.

– Nesta minha primeira missa, aqui na matriz de Santo Antonio de Campanha – disse com a voz coberta de emoção –, agradeci ao Senhor haver-me feito nascer aqui, porque somente aqui pude encontrar uma patroa que se tornou a minha madrinha de nome e de fato: dona Marianna Bárbara Ferreira. Se pude coroar o sonho que hoje compartilho com vocês, é tudo mérito dela... Só aqui poderia encontrar aquele anjo de caridade e de grande decisão que é o nosso amado bispo, dom Antônio Ferreira Viçoso. Sem ele tudo seria impossível, repito: impossível! Só aqui pude encontrar homens de tanta cultura e dedicação como padre Antônio Felipe de

Araújo e padre Joaquim Pereira Coimbra, o nosso Padre Mestre, e o nosso amado vigário, padre João Damasceno Teixeira... – continuou nomeando e agradecendo os superiores do seminário e os companheiros, as autoridades e os que participaram daquela grande festa, e terminou dizendo: – A partir de amanhã estarei no meio de vocês, para poder servi--los no Senhor, até quando o bispo ache oportuno.

Assim, Padre Francisco de Paula Victor exercitou seu ministério sacerdotal e colocou-se a serviço do povo de Campanha, como coadjutor da Igreja-mãe de Santo Antônio de Lisboa. Em 16 de agosto administrou seu primeiro Batismo a um menino a quem foi dado o nome de João, e o último, dos 71 celebrados no decurso daquele ano, foi no dia 13 de junho de 1852, quando batizou José.

Um dia, enquanto estava lendo em casa, Padre Victor foi tomado por um pensamento imprevisto. Levantou-se rápido, colocou seu chapéu e saiu para a rua. Encontrando as pessoas, saudava-as com respeito, mas, contrariamente ao que acontecia, não parou para falar com ninguém. Foi direto para a igreja de Nossa Senhora das Dores, entrou e se recolheu em oração no mesmo lugar em que se colocara anos antes. Agradeceu a Mãe Dolorosa e, saindo, foi bater na porta do estabelecimento de mestre Ignácio Barbudo.

Quem o atendeu foi o próprio mestre, que, depois de um instante de surpresa e de desorientação, disse:

– Oh, quanta honra, o Padre Francisco em minha casa! Que honra e que alegria o senhor me traz, Padre Francisco! Entre, por favor, acomode-se. Bendito seja, Padre Francisco, estamos precisando da vossa bênção. Meu Deus, que felicidade trouxe a minha casa e a minha alfaiataria! É uma alegria para todos nós campanhenses tê-lo como sacerdote!

Parecia não terminar os cumprimentos e gestos de respeito, chamando um a um dos empregados a virem beijar-lhe a mão. Não dava a Padre Victor nenhuma possibilidade de responder... até que, por fim, o sacerdote começou a falar e todos fizeram silêncio:

— Meu estimado e ilustre mestre, muito caro ao meu coração. Vim aqui para agradecê-lo e para abraçá-lo com todo carinho de meu coração brasileiro, mineiro e campanhense, irmão amado em nosso Senhor Jesus Cristo. Quero dar a você e aos seus alunos a santa bênção em nome de Deus.

Mestre Ignácio se ajoelhou e ao lado dele todos os empregados, e solenemente o sacerdote deu-lhes a bênção traçando o sinal da cruz.

Depois de muita conversa e cumprimentos, Padre Victor pegou seu chapéu e caminhava até a porta para sair, acompanhado do mestre, quando lhe disse:

— Caro mestre, agora que estou aqui quero pedir-lhe um favor.

— Tudo que desejar, Padre.

— Gostaria que me acompanhasse até seu galinheiro, para ver se as suas galinhas têm dentes — e deu uma bela risada.

O mestre pegou-lhe as mãos, beijou-as e caiu em pranto copioso, e entre lágrimas disse-lhe, interrompendo o choro:

– Ah, caro padre... recordo-me sempre daquele dia... pensando no mal que lhe fiz, fico envergonhado... quanta maldade usei contra o senhor... peço-lhe perdão.... perdoe-me!

Padre Victor o abraçou e, trazendo-o bem perto de seu coração, sussurrou-lhe ao ouvido:

– Caro mestre, acalme-se, fique tranquilo! Naquele dia o senhor foi apenas um instrumento para que eu entendesse, para que as coisas tomassem um caminho diferente... Se não tivesse acontecido tudo aquilo que aconteceu, hoje, por certo, seria um alfaiate... muitas vezes somos simples instrumentos um do outro.

Notas bibliográficas

As fontes relativas a este capítulo são discordantes entre si: na biografia de SALGADO se lê: "Permaneceu o novo Sacerdote um ano em Mariana, depois ordenado, sendo então nomeado Vigário da freguesia de Três Pontas. Desejava ele visitar Campanha antes de empossar-se como Vigário. Dom Viçoso aconselhou-lhe: 'Assuma a direção de sua paróquia e depois visita a sua terra'" (p. 20). Enquanto mons. ASSIS (p. 41) escreve que, depois da ordenação presbiteral, P. Victor foi "Coadjutor na Catedral de Mariana", ao contrário, mons.

LEFORT descreve a primeira missa e o encontro com mestre Ignácio Barbudo (pp. 16-18) e diz: "Logo após a ordenação sacerdotal de Padre Vitor, ele recebeu licença para passar uns meses na terra natal, Campanha, nessa temporada", depois "retornando à Sede do Bispado, ali foi Vigário Coadjutor por alguns meses" (p. 19). Ora, no Arquivo diocesano de Campanha se encontra o registro dos batizados com a seguinte redação: "Este Livro servirá para registrar os Batismos que forem feitos nesta paróquia e para confirmar escrevo este verbal. Campanha, 17 de julho de 1851, O vigário Antônio Felipe de Araújo", onde se conclui que Padre Victor, de 16 de agosto de 1851 a 13 de junho de 1852 realizou 71 batismos (Livro 11, fls. 11v-18v; cf. BD, 82-83).

Portanto, a sequência cronológica mais verossímil é a seguinte: deixado o Seminário de Mariana em 27 de julho de 1851, a primeiro de agosto chega a Campanha, onde ficou até 13 de junho de 1852. De Campanha foi a Três Pontas para assumir o cargo de vigário *encomendado* em 18 de junho de 1852.

O presente do cavalo e dos 20 cruzeiros conseguimos encontrar em SALGADO (p. 20). As Visitas Pastorais de dom Viçoso em 1851 foram: "a 25 de junho, esteve em Marinard; a 02 de julho, em Piranga; a 11 de julho, em Dores do Turvo; a 15 de julho, em Conceição do Turvo; a 27 de julho, em São José do Turvo; a 01 de agosto, em Santa Rita do Turvo; a 04 de agosto, em Anta e Conceição do Anta; a 18 de agosto, em Turvão e depois em Presídio de São João Batista; a 11 de outubro, em Ubá; a 13 de outubro, em Presídio; a 16 de outubro, em São José do Paraopeba; a 21 de outubro, em Sapé; a 27 de novembro, em Conceição do Rio Novo; a 10 de dezembro, em Chapéu de Uvas" (esta relação foi encontrada no *site* do Santuário do Caraça – MG, desenvolvido por Eduardo Almeida).

Sobre a primeira missa em Campanha e o encontro com mestre Ignácio Barbudo existe uma descrição de mons. ASSIS (pp. 39-40), encontrada em mons. LEFORT (pp. 16-18). Para a redação dada ao capítulo nos baseamos nessas várias informações.

Fez-se referência sobre a abolição do tráfico de escravos da África: sob a pressão da Inglaterra, o Partido Conservador passou a defender no poder legislativo o fim do tráfico dos negros. O Ministro, chefe de gabinete, Eusébio de Queirós Coutinho Matoso Câmara, transformou-se em porta-voz, e os debates culminaram em 4 de setembro de 1850 com a aprovação da *Lei Eusébio de Queirós*. É certo que o tráfico não cessou imediatamente, mas foi um passo importante no caminho da abolição da escravidão.

CAPÍTULO VIII

Em 1º de maio de 1852, dom Viçoso foi informado por carta encaminhada pelo coronel Antônio José Rabello e Campos da morte do vigário da paróquia de Três Pontas, padre Bonifácio Barbosa Martins.

O bispo, depois de refletir alguns dias, decidiu responder àquele homem tão estimado e ativo naquela cidade: "Meu compadre senhor Antônio José Rabello e Campos, quando já se encontrava sobre minha escrivaninha sua carta de 14 de abril e estava para responder-lhe (porquanto não recebi a outra), chegou-me a carta de 11 do corrente, relatando a morte de seu pároco. Que o Senhor o receba em sua glória".

E continuou declarando-se muito surpreso com aquilo que o coronel lhe havia referido sobre pretendentes para a paróquia de Três Pontas, apresentando inclusive os nomes. E concluiu: "Sou muito cuidadoso entre os ordenandos e os párocos que Deus não chama; infelizmente, porém, são escolhidos pela bela lã de ovelha. Felizmente existe um que não é pretendente. Verdadeiramente seu aspecto exterior não atrai, mas quanto ao aspecto interior me parece que seja ótimo. Caro Coronel, quero que as suas boas palavras superem qualquer resistência que aquela brava gente possa opor em razão de sua cor. Em seguida escreva-lhe e o anime, e facilite, e no dia em que ele chegar, dê-lhe os conselhos necessários para que tenha contato com as famílias, reúna os meninos para ensinar-lhes o catecismo, atraindo-os talvez com alguma imaginação. Em suma, caro compadre e amigo, e amigo de Deus, seja Padre Victor o pároco de Três Pontas com os seus conselhos. O Evangelho do dia, lido em português, e acompanhado de pequenas reflexões, se faça com muita tranquilidade e paciência, dando muitos frutos. Estou certo que ele prestará um grande serviço a Deus. Adeus, caro Compadre: 'Peça ao dono da messe para que mande muitos operários para sua messe'. Seu servo e compadre Antônio bispo. Mariana, 24 de maio de 1852".

A escolha, portanto, estava feita: em 18 de junho Padre Victor deveria chegar à cidade de Três Pontas como vigário *encomendado* (pároco encarregado).

Em 3 de junho, depois de celebrar na matriz de Santo Antônio em Campanha o Batismo de José, Padre Victor começou a preparar-se para alcançar a cavalo o seu novo destino.

Quando chegou ao lugar conhecido como *Mato Seco*, já no território de sua nova paróquia, Padre Victor ficou em dúvida sobre qual estrada seguir, quando escutou pessoas que gritavam no bosque. Eram camponeses que estavam colhendo jabuticabas. Chamou-os e eles se aproximaram dando-lhe não só a indicação correta, mas oferecendo-lhe também aquela deliciosa fruta silvestre.

Apeando do cavalo, Padre Victor tirou o chapéu e começou a saboreá-las, quando uma das mulheres, vendo a tonsura, exclamou: "O senhor é um sacerdote?".

Ao simples sinal de confirmação, todos se colocaram de joelhos em torno de Padre Victor, repetindo:

– Dê-nos a bênção! A bênção! A bênção!

– Com prazer vos concedo – respondeu o Padre. – É a primeira bênção que dou aos meus novos paroquianos.

Depois de confirmar a estrada a percorrer, Padre Victor dirigiu-se para Três Pontas, vendo-a de longe espalhada entre as colinas.

A sua origem está ligada a duas aldeias de negros fugitivos (quilombos), e para destruí-las o governo da Capitania de Minas Gerais, no ano de 1760, encarregou os capitães Diego Bueno da Fonseca e Antônio Francisco França, e o primeiro sargento Felipe Antônio Buren, sob o comando do capitão Bartolomeo Bueno do Prado.

Terminada a missão, o capitão Bartolomeo Bueno subdividiu aquele território em lotes, todos de três léguas, para si e para outros chefes da expedição.

Passados oito anos daquela missão, os habitantes solicitaram ao bispo de Mariana permissão de construir uma capela, dependente da cidade de Lavras, em torno da qual se formou um arraial no lugar conhecido por Candongas, oficialmente Bandeirinhas, situado entre a montanha de Três Pontas e o Rio Sapucaí.

Em 3 de outubro de 1794, Bento Ferreira de Brito definiu a área destinada ao patrimônio de Nossa Senhora d'Ajuda, no arraial já conhecido como Três Pontas, por causa da montanha formada por três cumes.

Em 1832, por um Decreto da Regência o curato de Três Pontas foi promovido a paróquia, e nomeado pároco o padre Bonifácio Barbosa Martins, a quem agora Padre Victor deveria suceder.

Graças aos esforços do coronel Antônio José Rabello e Campos, oito anos depois o arraial foi promovido a vila, tornando-se Município em 1842, com o nome oficial de Três Pontas. Nessa época foi instalada a primeira Câmara Municipal e a cidade passava a fazer parte da Circunscrição do Rio Verde, com sede em Campanha.

Conforme o combinado, chegando a Três Pontas em 18 de junho de 1852, Padre Victor deveria se dirigir à casa do coronel Antônio José Rabelo e de lá partir para tomar posse da paróquia como vigário *encomendado* (pároco encarregado).

Alguns dias antes, o coronel recebeu um bilhete de dom Viçoso que dizia: "Meu caro compadre, cuide de Padre Victor como se cuidasse de minha pessoa".

O acontecimento deixou-o um tanto ansioso porque, apesar de ter empregado toda a sua habilidade política para preparar o ambiente segundo as instruções recebidas anteriormente do bispo, as reações estavam mais violentas. Realmente diversos notáveis e fazendeiros o haviam recebido com expressões pouco lisonjeiras, e logo o colocaram sob acusação.

O Barão de Boa Esperança, um dos mais ricos e poderosos daquela região, fitou-o intensamente e depois, tirando o grosso cigarro da boca, disse:

– Coronel – exortou, dando um sorrisinho irônico –, diga-me que está brincando!

E no que o coronel confirmou, enfureceu-se:

– Acha realmente que isso é brincadeira?... Que não se fale mais nisso!

– Senhor coronel, o senhor que está fazendo de tudo para que a nossa vila se torne uma cidade, aceitou tão facilmente que nossa paróquia tivesse como pároco o único sacerdote negro... um homem que até pouco tempo atrás era um escravizado! – disse um fazendeiro.

– É uma grande desonra para Três Pontas – enfatizou outro.

– Acreditava que Sua Excelência fosse um pastor sábio... o que parece não ser! – disse mais um.

– Se realmente deveria fazer padre um escravo negro, seria melhor que o bispo o tivesse mantido perto dele – descontrolou-se outro ainda.

– O senhor criou essa confusão... bem! Então assuma a responsabilidade... vá ao bispo e faça-o voltar atrás dessa decisão – ameaçou alguém.

– Um negro como padre! Não colocarei o pé na igreja! Quero mesmo ver quantos de vocês demonstrarão serem homens de palavra! – era essa a razão de alguém mais impetuoso.

O fato é que na sexta-feira, 18 de junho, havia pouca gente na igreja, todos paroquianos, na maioria escravos livres, mas nenhum nobre ou fazendeiro com suas famílias. Diante do desconcerto que se percebia no rosto do coronel Antônio José, Padre Victor disse sorrindo:

– Então eles o deixaram só? – e encorajando-o disse:
– Não fique preocupado, significa que devo arregaçar as mangas...

Daquele dia em diante, Padre Victor ficava na casa paroquial só para dormir, pois no resto do tempo se encontrava na igreja a rezar, a limpar, a organizar. Quando se aproximava alguma pessoa, perguntava se havia alguém doente e onde morava a fim de poder visitar e levar uma palavra de conforto. Como já era previsto, ficou rodeado bem rápido dos mais curiosos: as crianças.

Acrescente-se também outro gesto: o primeiro Batismo que celebrou foi o de uma menina a quem se deu o nome de Maria. No registro dos batizados, Padre Victor escreveu: "Em 24 de junho de 1852, batizei e administrei os Santos Óleos à inocente Maria, filha legítima de Joaquim Gomes Pereira e de Luciana Ferreira da Silva. Foram padrinhos: José Ribeiro Neves e Maria Rita Ferreira da Silva. Para constar, registro o presente ato. O Vigário, Francisco de Paula Victor".

Padre Victor considerou aquilo um sinal de benevolência de Nossa Senhora, porque daquele Batismo pôde lentamente entrar em contato com as famílias de brancos menos intransigentes.

Sentia-se como um animal sob observação, mas não se fez intimidar; ao contrário, continuou a comportar-se de modo mais natural e espontâneo possível, que brotava da sua natureza. Montado a cavalo percorria fazendas e roças para celebrar matrimônios, batismos e funerais.

As pessoas começaram a notar a sua devoção ao apostolado perante todos, sem nenhuma distinção, e a sua humildade não se confundia com a incapacidade ou a submissão, ao contrário, destacava-se sempre mais a sua determinação. Em suma, demonstrava dia após dia ser um homem generoso, jovial, feliz de sua escolha de vida, mas ao mesmo tempo a sua pessoa transmitia autoridade e dignidade.

Além das crianças, aqueles que começaram a procurá-lo foram os mais pobres e necessitados, motivo pelo qual alguém notou rapidamente que aquele padre possuía um "defeito" muito grande, que frequentemente era ausente aos outros padres: não tinha nenhum apego ao dinheiro nem a bens materiais.

Um fazendeiro, de fato, certo dia chamou-o para celebrar uma missa na capela de sua fazenda, de modo a batizar também alguns filhos dos escravos e unir alguns em matrimônio.

Padre Victor realizou todos os atos litúrgicos com grande cuidado, tanto que o homem, apesar de ser um dos mais insistentes a rejeitá-lo como pároco, ficou muito admirado e, ao se despedir, deu-lhe um envelope com uma quantia substanciosa.

O sacerdote agradeceu-lhe, porém, sem dar-se ao trabalho de ver o conteúdo, simplesmente o colocou em sua carteira. Quando estava em retorno pela estrada, encontrou uma pequena família pobre que se aproximou pedindo-lhe qualquer coisa para suas necessidades. Sem pensar um só momento, o Padre enfiou a mão na carteira e, pegando o envelope, entregou-o ao homem, continuando seu caminho.

– Senhor vigário! Senhor vigário! – escutou logo depois chamarem por ele. Tão logo se virou, viu aquela pequena família correr em sua direção.

– O que é? – perguntou com sua voz forte.

– Pegue o envelope, padre... aqui tem muito dinheiro... o senhor não percebeu... pedimos uma esmolinha, mas não tudo – foram as palavras pronunciadas por aquele homem e aquela mulher com certa apreensão, enquanto as crianças olhavam a cena com os olhos arregalados.

Sem minimamente tocar o envelope, Padre Victor respondeu:

– Filhos, podem ficar com todo o dinheiro que tem nele. Estão necessitados, assim como eu sou necessitado, mas vocês precisam mais que eu – e, dando com as esporas no cavalo, partiu rápido para evitar escutar os protestos e os agradecimentos deles.

Na manhã seguinte, como de costume bastante rápido, Padre Victor estava de saída para ir à igreja, quando Rosa de Lima, a doméstica, comunicou-lhe que não havia café nem mesmo açúcar, e assim precisava de dinheiro para comprar muitas outras coisas que estavam terminando.

O vigário olhou-a e, sorrindo, disse-lhe:

– Eu não tenho dinheiro para lhe dar!

A missa foi celebrada em sufrágio da alma de uma pessoa falecida em outra cidade. Aquele que lhe fizera o pedido solicitou um atestado da cerimônia e depois lhe deixou uma oferta em um envelope fechado.

Padre Victor estava para sair da igreja, quando se aproximou uma mulher:

– Senhor vigário, só o senhor pode me ajudar – disse-lhe com lágrimas nos olhos.

– Diga-me, minha filha!

– Preciso de onze cruzeiros para comprar remédio para meu filho doente, e o farmacêutico não quer me vender fiado uma quantia assim tão alta.

– Bem, não há o que dizer: é uma bela quantia... deverei celebrar sete missas... mas tem isto – e lhe entregou o envelope fechado. – Não sei o que tem aqui dentro, mas não posso te dar outra coisa, porque não tenho.

A mulher tinha começado a agradecer-lhe, quando o Padre a interrompeu bruscamente:

– Os agradecimentos se fazem aos santos! Vá comprar o remédio.

Pouco tempo depois, a mulher retornou:

– Senhor vigário, aqui estão nove cruzeiros que sobraram. No envelope tinha vinte.

Padre Victor olhou para ela e, fazendo um sinal da cruz em sua fronte, disse-lhe:

– Compre alguma coisa para comer... seu filho não está precisando apenas de remédio!

– Mas senhor vigário...

– Nada de mas... também você está precisando comer alguma coisa, vá, vá.

Logo depois, diante da porta da casa paroquial foi atendido pela doméstica, segura que lhe daria os três cruzeiros da esmola da missa e sairia rápido para comprar o que precisava.

Padre Victor deixou-a, porém, desiludida:

— Saí sem dinheiro e retorno sem dinheiro... Quem sabe algum dia teremos ao menos para o café e o açúcar.

— Deveremos ter ao menos também alguma outra coisa... — respondeu, irônica, Rosa de Lima.

— Não se preocupa, Deus proverá — e tranquilo entrou na casa.

Não muito tempo depois, um rapaz invadiu a casa:

— Vigário... vigário... venha... venha depressa.

O rapaz estava tão agitado que dizia as palavras aos pedaços, e Padre Victor não conseguia entender, por isso decidiu pegá-lo pelos ombros e, olhando-o nos olhos, disse-lhe:

— Acalme-se, acalme-se! Senão não entendo o que está acontecendo.

— Minha irmã... minha irmã se contorce como uma cobra e se joga por terra... está irreconhecível... está babando... venha rápido, padre vigário... venha... venha.

Padre Victor pegou a estola e saiu puxado por um braço pelo rapaz. Ao chegarem próximo ao casebre onde vivia a família, avistou os vizinhos reunidos olhando de longe, enquanto gritos enfurecidos soavam pelos ares.

As pessoas, tão logo o viram, abriam caminho para ele passar. Alguns acenavam com a cabeça, saudando-o. Defronte à porta, o Padre colocou a estola e disse aos pais:

– Saiam...

Depois, virando-se para as pessoas:

– Coloquem-se de joelhos e rezem.

Em seguida, permaneceu no vão da porta e começou a recitar uma oração em voz baixa. Gritos desumanos começaram a rasgar os ares. Como numa sequência marcada de tempo, Padre Victor dava um passo para a frente e aqueles gritos tornavam a rugir para ele, gargalhar e dizer palavras obscenas. Passo a passo chegou próximo da moça e conseguiu traçar o sinal da cruz sobre sua cabeça. Ela caiu por terra como morta. Imediatamente se fez um silêncio abissal.

Aparentando certo cansaço, saiu e disse aos pais:

– Não tenham medo, deixem-na... está dormindo... Quando acordar, façam-na tomar um banho e depois deixem que durma.

E, lentamente, cansado, caminhou para a igreja. Já era tarde, quando voltou para a casa paroquial, encontrando Rosa muito alegre.

– Senhor vigário – justificou-se a doméstica –, vieram os parentes daquela moça e trouxeram tantas coisas para comer... não é preciso fazer compras ao menos por uma semana.

Padre Victor apenas olhou para ela e sorriu.

121

Notas bibliográficas

As fontes principais deste capítulo foram retiradas da BD, 82-87, 93-97; PS, *Testemunhas*, 19. A carta do bispo se encontra no Arquivo da Cúria Metropolitana de Mariana, MG, caixa 1, arquivo 3, Carta de Mons. Viçoso (*Episcopi Litterae*), 1843-1873, e foi mencionada em PS, *Informatio*, 18-19, e na BD, 108-109. O coronel Antônio José Rabello e Campos (Rabellinho) era um personagem muito importante e respeitado em Três Pontas. Foi ele quem obteve a promoção a vila e depois a município e cidade. Foi o primeiro trespontano a ocupar cargos no âmbito estatal, sendo eleito deputado provincial em 1861. No mesmo ano de 1861 fundou o primeiro jornal de Três Pontas, *A Estrela Mineira*. Era casado com Joana Silvéria da Luz Brito, neta do capitão Bento Ferreira de Brito († 1800). Era culto, podendo ser chamado "homem das mil capacidades". Possuía, além disso, noções de medicina. Morreu em 1879 (a data da sua morte pode não ser exatamente esta, pois não conseguimos obter uma informação segura. Só sabemos com certeza que em 1884 já era falecido) (MIRANDA, 187).

Padre Bonifácio Barbosa Martins foi pároco de Três Pontas de 1832 a 1852 (MIRANDA, 138-139, relata a relação dos capelães, encarregados e párocos de 1772 a 1980; cf. BD, 84-85).

No capítulo *Primeira Bênção* de SALGADO (pp. 21-22), foi tratado o episódio das jabuticabas. Contamos com o comentário do autor: "Este episodio foi-nos narrado por pessoa fidedigna, essa dedicada ao vigário Victor [...]. Entretanto, a data da posse do vigário não corresponde ao da estação das jabuticabas. É necessário admitir-se que as frutas eram temporãs ou que a posse de P. Victor como vigário não se desse em 18 de junho". Acreditamos que o episódio pode não estar ligado estritamente à data da posse da paróquia de Três Pontas, mas refere-se ao primeiro período da administração espiritual, quando ainda não era conhecido dos paroquianos residentes na zona rural. Preferimos, todavia, mencioná-lo nesta ocasião por ser muito sugestivo. Muito bonito é o comentário referido no episódio: "Essa bênção, reverentemente solecitada e concedida cordialmente no recesso da floresta, centenas de vezes se renovou, e continua a cair salutar sobre as cabeças de todos os que, à semelhança daquelas camponesas de Mato Seco, a imploram com fé".

Para a história nos baseamos em MIRANDA DE AMÉLIO GARCIA, *A História de Três Pontas*, Belo Horizonte, Editora JC, 1980, *passim*; sobre o significado de vigário *encomendado*, VEIGA EUGENIO DE ANDRADE, *Os Párocos no Brasil no Período Colonial* (1500-1822), Cidade do Salvador, 1977, especialmente pp. 37-38: "A administração espiritual dos fiéis de determinada localidade era o motivo da designação de um vigário 'encomendado'. Diferenciava--se, de fato, de um capelão de oratório de culto privado, na cidade ou nas propriedades, ainda que, frequentemente, as paróquias nascessem desses centros de culto individual. Seja para a edificação de paróquias, seja para a nomeação desses vigários, não era necessária a aprovação real. As principais vantagens das paróquias 'encomendadas' eram as seguintes: a) os fiéis tinham um pastor específico e estável, já que de outro modo não encontrariam quem, na vizinhança, os assistisse espiritualmente; b) grande facilidade de remoção de tais vigários, sem nenhuma participação do poder civil; c) ainda que, para a assistência espiritual, um outro tributo, indevido, fosse colocado como base de sustento do vigário, era a paróquia 'encomendada' o caminho normal para alcançar a paróquia 'colada'.

O título que era dado ao sacerdote enviado pela autoridade diocesana às paróquias assim instituídas era o de *encomendado*, ainda que fosse chamado vigário ou pároco. Esta denominação, porém, compreendia um conceito bastante vasto, aproximando-se das características do atual vigário substituto, conforme o cânon 465 § 5, ou mesmo do cooperador, segundo o cânon 476.

Os vigários 'encomendados', quando substitutos, mesmo para as paróquias já confirmadas, também permaneciam por vários anos na função, dependendo unicamente do Ordinário Diocesano. 'Encomendados' como 'cooperadores', já em 1683, eram nomeados apenas pelo Bispo local".

Bento Ferreira de Brito era natural da "Freguesia de São João de Brito" (Guimarães, Arcebispado de Braga, em Portugal). Casou com Ignácia Gonçalves de Araújo em Carrancas no dia 2 de agosto de 1774 e tiveram onze filhos, um dos quais sacerdote. Foi-lhe concedido um lote de terra de ambos os lados do Córrego da Ortiga (conhecido e existente até hoje), em 24 de setembro de 1793. Em 1794 delimitou a confrontação do *arraial* de Nossa Senhora d'Ajuda de Três Pontas (cf. BD, 93-95). Residia em sua fazenda, "Barreirinhas", porém mais conhecida como "Candongas". Morreu em 22 de outubro de 1800 e foi sepultado em Lavras, MG (nota do professor Paulo Costa Campos).

A contestação dos nobres e fazendeiros estava baseada também no fato de que, sempre no interesse do coronel Antônio José Rabello e Campos, em 1857, o vilarejo de Três Pontas seria promovido a cidade, criando também a Circunscrição de Três Pontas com os poderes legislativo, executivo e judiciário, independentes, em cujo contexto não queriam ter um padre negro como pároco. Cf. também PS, *Testemunhos*, 45.

O *Decreto da Regência* de 14 de julho de 1832, que promoveu o curato de Três Pontas a paróquia, é mencionado por MIRANDA, 140-141, referido também em BD, 95-96.

Da mensagem de dom Viçoso ao coronel, fala dom José Costa Campos v. PS, *Testemunhos*, 19.

O primeiro batizado de Padre Victor em Três Pontas é referido por mons. ASSIS, 46, e pela BD, 86.

Os episódios narrados foram recolhidos da descrição feita pelo sr. Rabelo de Mesquita a SALGADO (p. 22), pela BD (p. 86-87); pelos depoimentos de algumas testemunhas no Processo de Canonização v. PS (*Virtude*, p. 34, 37-39, *passim*), e por LEFORT (p. 23).

CAPÍTULO IX

Padre Victor estava sempre rodeado de crianças e rapazes. Para mantê-los ocupados, ensinava o catecismo por uma hora. E depois? Então, pensou em organizar algumas aulas para alfabetizar aqueles que eram excluídos da escola por serem negros ou escravos. Rapidamente percebeu que quase todos estavam nessa situação.

Depois das aulas, pensou na necessidade de um pouco de diversão e, assim, passou a ensinar todos a cantar. O repertório era bonito e amplo, repleto não só dos cantos religiosos, mas também populares. E depois do canto, naturalmente também a dança. Não tinha receio algum de ensinar também a dança. Assim, uma vez aprendidos os diversos cantos, mandou os mais espertos correrem pelas casas e pela zona rural à procura de todo tipo de madeira ou objeto que pudesse emitir um som.

Um dia, alguns daqueles molecotes, junto com os instrumentos musicais rudimentares, trouxeram também uma surpresa: uma menina mulata. Disseram que a encontraram atrás de uma moita no matagal.

– Talvez a mãe deixou-a enquanto recolhia a lenha... e talvez agora estivesse procurando desesperada pela filha – respondeu-lhes Padre Victor.

Os meninos, porém, juraram e perjuraram que, quando a encontraram, gritaram chamando alguém, mas não havia uma alma viva na redondeza.

– Agora o que faremos? – coçava a cabeça o Padre. E não encontrou outra solução senão levá-la para a casa paroquial e deixá-la aos cuidados de Rosa:

– Cuide dela um pouco. Se, no fim, ninguém vier procurá-la, ficará aqui conosco.

O jogo da procura dos "instrumentos musicais", então, frutificou uma menina e tantos pedaços de madeira, algumas panelas e tampas amassadas; em suma, o quanto bastava para fazer bastante barulho. Mas as coisas caminharam bem, tanto que conseguiu formar um grupo de "tocadores" que, acompanhado de outro grupo de cantores, deveria produzir a música para que todos os outros pudessem dançar.

O vigário encontrou, assim, uma maneira de atrair rapazes, moças, meninos e meninas...

Isso foi motivo de algum elogio, mas sobretudo de fortes críticas, como:

– Não basta ter um padre negro... e ainda é preciso vê-lo dançar?!... Que exemplo ele dá aos rapazes?... Não existe mais dignidade! O pároco deveria ser um senhor, elegante, sério... não um bufão que desempenha a função de vigário!... E a igreja e a casa paroquial?! Um vaivém de miseráveis! Em suma, ao invés de ter um pároco, devemos suportar um miserável entre os miseráveis!

E não eram poucos, entre os nobres e fazendeiros, a julgar aquele modo de ser do pároco em relação aos necessitados como uma ação desleal contra eles: "A vingança de um negro que provocou a rebelião com seus semelhantes".

– É simplesmente uma indecência! Faremos com que pague! – juraram alguns.

Mas Padre Victor não lhes dava ouvidos, convencido de que aquilo que estava fazendo era bom. Também começava a pensar seriamente em repetir a sua experiência pessoal em cada um daqueles rapazes e moças, porque somente a educação permitiria ao homem de qualquer cor tomar consciência da própria dignidade. Começou a pôr "a mão no arado" e lentamente, mas com decisão, olhava para a frente.

As pessoas pobres, muitas delas brancas, começaram a ser conquistadas pelo seu comportamento, pela paciência, pela disponibilidade e pela completa dedicação ao próximo.

Todos, indistintamente, sabiam que se a casa paroquial ficasse repleta de alimentos, roupas, dinheiro, rapidamente se esvaziaria de tudo em favor dos necessitados. E entre pobres e crianças, aquela casa agora se transformara num entra e sai.

Havia dias, porém, que a empregada Rosa saía na rua para informar Padre Victor e o pequeno grupo de miseráveis, que diariamente se colocavam à espera diante da porta, sem falta, na hora do almoço, que não havia nada para cozinhar.

O pároco lhe assegurava com plena convicção:

– Não se preocupe, minha filha, Deus proverá!

Colocava toda sua esperança em Deus, de que ele lhe daria a solução. O pedido não era feito por sua alimentação, mas por aqueles pobrezinhos, e infalivelmente chegava alguma coisa para comer, que a providência mandava através das pessoas as mais diferentes.

O Barão de Boa Esperança, sentindo-se aborrecido por causa de tanta atividade em benefício dos outros daquele "falso padre negro", decidiu agir a sua maneira. Em alguns dias aparecia repentinamente a cavalo entre aqueles pobrezinhos a distribuir chicotadas para todo lado e não saía senão quando conseguia dispersar aquela aglomeração diante da casa paroquial, que para ele era uma vergonha. E não fazia apenas com os pobres que paravam diante da casa paroquial para ter alguma coisa para comer, mas também com os rapazes, quando cantavam e dançavam na praça, arriscando-se atingir algum deles com a sua cavalgadura. Assim queria aterrorizar todos eles que tinham contato com aquele "negro, assim dito senhor vigário", fazendo as incursões de improviso e de modo imprevisível.

Desse modo conseguiu que os rapazes, os pobres, a gente que frequentava a paróquia, andassem ao longo dos muros e nunca em grupo.

Um domingo o Barão se arriscou a fazer uma incursão antes da missa, semeando o terror entre os fiéis, que entraram na igreja apressadamente. Uma vez que se ouvia ainda gritar e estalar o chicote, Padre Victor saiu da igreja sozinho e se colocou ao centro da rua. O Barão o viu e avançou o cavalo contra ele.

A cena era aterrorizante: o Padre imóvel e o Barão lançando-se a galope em sua direção. Passou rente intencionalmente, mas não o golpeou com o chicote; depois voltou para trás no trote e parou em frente ao Padre. Queria perceber-lhe nos olhos algum sinal de medo, mas ele permaneceu sereno.

— Decidiu fazer-se de herói — disse-lhe orgulhoso.

– Excelentíssimo Barão, não sou um herói nem quero me fazer herói.

– Então, por que está aí a me desafiar?

– Excelentíssimo Barão, não estou aqui a desafiá-lo...

– Então, o que está fazendo?

– Para recordá-lo, senhor Barão, que também o senhor é um filho de Deus... temente a Deus... e faria bem também ao senhor se viesse participar da missa para agradecer-lhe...

– Agradecer-lhe de quê? De ter-me mandado um padre negro como pároco?

– Excelentíssimo Barão, para agradecer a Deus de ter-lhe dado a vida, de ter-lhe concedido nascer rico e não miserável, de ter-lhe dado uma bela família, de ter-lhe dado o bem da vista... tantos são os motivos pelos quais deve agradecer-lhe. E quanto a mim, sou um pobre servo do Senhor que procura servi-lo da melhor maneira, e pretendo colocar em ação tudo quanto me ordenou...

– Que coisa o Senhor lhe ordenou?

– "Ama ao próximo como a ti mesmo." Isto me ordenou, e ainda me pediu: "Ama os teus inimigos e reza por eles". E eu, indignamente, estou rezando todo dia pelo senhor, Barão.

O homem lançou-lhe um olhar longo e ameaçador e depois disse:

– Quem é o meu próximo? Estes negros?

131

– Sim, senhor Barão, não só eles, mas também eles, porque, como o senhor, são filhos do mesmo Deus, resgatados como o senhor pelo sangue de nosso Senhor Jesus Cristo – respondeu o Padre.

O Barão estalou o chicote e, andando, se afastou.

Padre Victor entrou na igreja e começou a celebração. Ao final, viu que no fundo da igreja estava o Barão, imóvel. As pessoas fugiram de medo, mas desde aquele dia pararam as incursões.

Uma tarde, como sempre, Padre Victor estava na igreja com os meninos, quando, aflita, veio chamá-lo a empregada Rosa:

– Venha rápido para casa, padre... é pavoroso! Corra, corra!

Então, prevendo que coisa poderia ser, disse aos meninos:

– Fiquem bem aqui e cantem as músicas de Nossa Senhora que lhes ensinei, até que eu volte. Colocou a estola e foi para a casa paroquial.

Entrou na sala e encontrou quatro homens que procuravam a duras penas segurar um jovem que ficava a ranger os dentes.

– Deixem-no – ordenou com voz firme e começou a aproximar-se.

O jovem tão logo o viu, com os olhos alucinados, ficou agitado e assumiu um comportamento arrogante. Andando ao seu encontro, ficou parado diante dele, em sinal de desafio.

Os dois ficaram se olhando longamente, imóveis. Pareciam dois desafiantes que se estudavam antes de se agredir. De repente, o jovem descontrolou-se numa risada vulgar, ridicularizando o Padre Victor. E, saltando como um raio, atacou.

Padre Victor não se deixou surpreender, com um movimento um tanto quanto rápido, conseguiu desviar-se. Ele foi de encontro à parede e todos pensaram que se esfacelaria, mas isso não ocorreu.

O Padre, sem perder o controle, começou a rezar em voz baixa, seguindo-o naqueles movimentos enfurecidos.

Os meninos, cheios de curiosidade, haviam bem rápido parado de cantar e se colocaram todos diante das janelas. Com os olhos arregalados e a respiração interrompida, olhavam aquelas incríveis acrobacias.

Entre os homens que o tinham levado estavam dois irmãos que, temendo pudesse cair fatalmente, procuraram segurá-lo, mas ele conseguia escapar e fugia como uma enguia.

Padre Victor fez sinal para que saíssem do local; então o jovem desceu e, partindo da parede oposta, em movimento arrogante, começou a andar ao seu encontro, repetindo com desprezo:

– (...) Pensa que pode me vencer?...

Chegando diante dele soltou uma risada indecente. O Padre, com um movimento rápido, conseguiu colocar a mão sobre o ombro dele. O jovem, agarrando-a, tirou-a violentamente, mas o vigário conseguiu colocá-la de novo.

133

– (...) quer me deixar em paz?... – repetia o jovem rangendo os dentes. A cena se repetiu várias vezes, porém a reação foi ficando mais lenta.

Quando Padre Victor viu que o jovem estava quase completamente calmo, pegou uma cadeira, fazendo-o sentar-se nela, e colocou a mão direita sobre sua cabeça, continuando a rezar.

– Rosa! – gritou. – Traga-me um cálice de vinho e prepare uma cama.

O jovem tornou-se obediente como uma criança, bebeu todo o vinho e depois seguiu Padre Victor até o quarto. Deitou-se na cama e dormiu imediatamente.

– Venham pegá-lo amanhã – disse aos homens que trouxeram o jovem. – Fiquem tranquilos, ficará bom como antes – e os despediu.

Depois, saiu da casa com o rosto carrancudo para repreender aqueles curiosos que estavam nas janelas, ainda a tempo de ver os últimos deles que, apressadamente, retornaram para a igreja e começaram a cantar uma cançãozinha a Nossa Senhora.

Algumas semanas se passaram e ninguém veio procurar a menina encontrada na mata; então, Padre Victor decidiu batizá-la, num domingo depois da missa. Quem poderia ser seu padrinho e madrinha? Ele mesmo e a empregada Rosa, que praticamente se portara como mãe dela. A menina foi batizada com o nome de Anna Rosa. Para festejar aquela criança abandonada, agora adotada pelo padre, estavam presentes todos os rapazinhos "cantores", que naquela tarde haviam dado o melhor de si mesmos.

O tempo transcorria lento e se aproximava o carnaval. Padre Victor se divertia muito de ver como se fantasiavam os seus rapazes. Por todos aqueles dias, Três Pontas estava cheia de gente vinda da roça. Uma ocasião, enquanto assistia ao desfile diante da casa paroquial, viu surgir ao longe da rua um negro alto, imponente, vestido de padre, todo sujo, e que distribuía bênçãos dizendo:

– Sou o seu pároco, sou o seu pároco.

Ao lado dele, outros cinco ou seis negros malvestidos gritavam-lhe:

– Abençoa-nos, senhor vigário! A sua bênção, senhor vigário.

Além disso, acrescentavam também outras expressões impronunciáveis. E as pessoas riam.

Chegando diante de Padre Victor, repetiram ostensivamente a cena; depois, foram embora.

O pároco permaneceu impassível. Recebeu com profunda humildade aquelas ofensas partidas de pessoas irresponsáveis. Notou, de fato, observando-os atentamente, que eram brancos travestidos.

Domingo, 23 de maio de 1858, dia de Pentecostes, terminada a missa solene Padre Victor, acompanhado dos coroinhas, dirigiu-se até a fonte batismal para fazer um batizado. Quando se aproximou dos pais para recordar-se de como deveria chamar a criança, eles a uma só vez responderam:

– Victor... como o senhor, senhor vigário!

O Padre olhou-os e disse:

– Não tinham me dito antes... como se deve chamá-lo? Como eu?

– Sim, Victor, como o senhor... Em sua honra, padre... Assim, esperamos que seja bom e generoso como o senhor – responderam-lhe com os olhos cintilantes de alegria.

As pessoas começavam a afeiçoar-se a ele, e aquele foi o primeiro Victor de tantos Victor durante o seu longo ministério. E tantas foram as crianças batizadas por ele que frequentemente em Três Pontas era chamado de padrinho.

Notas bibliográficas

Este capítulo é um mosaico de narrativas e testemunhos colocados cronologicamente no primeiro período de apostolado de Padre Victor em Três Pontas, colhidos das diversas fontes referidas em PS, *Virtudes*, 37; PS, *Testemunhos*, 21, 23, 32, 34, 41, 42, 89, 138; BD, 90-92; SALGADO, 25. Em particular sobre Anna Rosa e Araújo, que depois se casaram, v. PS, *Testemunhos*, 14, 36, 42, 82.

Na apuração dos registros de batizados de Três Pontas, constata-se que, de 1852 a 1905, Padre Victor batizou 9.173 crianças, v. BD, 131-132. Sobre ser chamado de *padrinho*, v. PS, *Testemunhos*, 36, 37. Sobre crianças batizadas com o nome de Victor – v. Livro de Batizados, n. 2, 1854-1864, fls. 71 (n. 75), Paróquia Nossa Senhora d'Ajuda, Três Pontas –, este foi o primeiro.

CAPÍTULO X

Em meados de fevereiro de 1861, compareceu a casa paroquial o coronel Antônio José Rabello e Campos acompanhado pelo Barão de Boa Esperança. Eles se trancaram na saleta com o pároco e conversaram longamente.

O que estava acontecendo? Padre Victor foi mandado para Três Pontas em 1852 como vigário *encomendado* (encarregado) e exercia seu ministério já fazia quase dez anos. O bispo fez essa nomeação porque estava no seu direito fazê-lo sem pedir autorização imperial.

Agora, porém, era chegado o momento em que a paróquia da cidade de Três Pontas deveria ser colocada em concurso através de um edital para nomeação de um vigário *colado* (pároco estável), que exigia a aprovação imperial.

A opinião de dom Viçoso era de que Padre Victor tanto poderia como deveria participar desse concurso, não só porque fora aceito pela maioria da população e por quem era estimado naquela localidade, mas sobretudo porque demonstrou amplamente ser merecedor do título de pároco estável (*vigário colado*).

A humildade, no entanto, induziu-o a negar-se a participar do concurso; por isso, em 5 de fevereiro de 1861 dom Viçoso dirigiu-se diretamente ao coronel Antônio José escrevendo-lhe: "Algumas igrejas paroquiais serão colocadas em concurso em 24 de abril, pelo Edital de 24 de março. Mas pergunto-lhe: por que não deve concorrer o nosso Victor para a paróquia de Três Pontas? Quero que você, meu compadre, sozinho ou acompanhado de mais alguém, convença-o. Vocês querem, o bispo quer e me parece que Deus o queira. Espero sua resposta".

Assim o coronel falou com outros nobres e fazendeiros e resolveram fazer um esforço de persuasão através do coronel e do Barão, antes um excitado inimigo, mas que passou do desprezo à tolerância, e da tolerância a uma verdadeira e completa simpatia.

O osso era duro, mas os dois homens não desistiram até que Padre Victor assegurasse que participaria do concurso. E então, finalmente, enviou a carta de inscrição.

Como previa o procedimento, seria feita rapidamente a pesquisa entre os leigos e sacerdotes na Circunscrição e na Câmara Municipal de Três Pontas para verificar se havia algum impedimento. As testemunhas interpeladas foram unânimes em declarar que "nada existia contra o Suplicante", Padre Victor.

Naturalmente foi interpelado também o vigário *colado* da igreja paroquial de São João Nepomuceno de Lavras, da qual, desde a origem, dependia a igreja de Três Pontas, e padre João Evangelista de Meneses escreveu: "O reverendo senhor Francisco de Paula Victor, atual vigário *encomendado* da Paróquia da cidade de Três Pontas, há anos exercendo seu trabalho paroquial, no qual se mostrou sempre distinto pelo zelo ardoroso, aplicado no cuidado de suas ovelhas, com moderada e exemplar conduta, de modo que se tornou digno da estima geral de seus paroquianos. Declaro ser esta a verdade, que afirmo na fé sacerdotal".

Em 15 de maio de 1861, o vigário-geral da Diocese de Mariana, cônego Joaquim Antônio de Andrade, encerrou os Atos da pesquisa com estas palavras: "Vistos os Documentos do Reverendo Cônego Procurador jurídico, o Rev. Francisco de Paula Victor acha-se habilitado e sem impedimentos para o concurso da igreja" de Três Pontas.

Toda a documentação foi encaminhada ao imperador dom Pedro II, porque, segundo a lei do Padroado, a decisão dependia diretamente dele. Em 12 de junho a chancelaria imperial emitiu o Decreto de aceitação de Padre Victor como vigário *colado*, convidando o bispo de Mariana a fazer a sua nomeação.

Assim, dom Antônio Ferreira Viçoso nomeou Padre Victor vigário *colado* de Três Pontas e, visto que não havia sido apresentada objeção alguma, em 18 de setembro de 1861 se deveria passar à efetiva investidura.

Porém, Padre Victor não se encaminhou a Mariana, tendo feito a procuração aos cônegos José Bonifácio de Souza Barradas e João Baptista da cidade de Mariana. E em 7 de outubro o procurador, cônego Barradas, prestou juramento sobre os Santos Evangelhos de ser sempre obediente ao Papa, à Santa Sé e aos Prelados diocesanos e de cumprir e observar todas as ordens e mandatos; e, enfim de professar a fé na forma do *Motu Próprio* de Pio IV. Nesse momento, o vigário--geral de Mariana, arcipreste Joaquim Antônio de Andrade Bemfica, colocou-lhe o barrete sobre a cabeça, declarando efetiva a instituição, a confirmação e a investidura de Padre Victor a vigário *colado* da igreja da cidade de Três Pontas.

A cerimônia deveria ser repetida na paróquia de Nossa Senhora d'Ajuda no dia escolhido pelo interessado. Padre Victor não teve dúvida: 8 de dezembro.

Naquele ano o coronel Antônio José Rabello e Campos fundou em Três Pontas o jornal *A Estrela Mineira*, que descreveu o rito nestes termos: "*Investidura do Pároco* – O Rev. Francisco de Paula Victor, vigário *colado* desta cidade, foi investido canonicamente na Igreja Matriz em 8 do mês corrente, dia da Imaculada Conceição. Cremos que a sua extrema devoção à Mãe de Deus influiu na escolha deste dia para sua investidura. Auxiliaram os Rev. Senhores José Paulino da Silva, Rosendo de Mello Alvim, Luiz Pereira da Rosa e Joaquim Calisto. Todos participaram da Missa cantada e do *Te Deum*. A música, a qual foi dirigida pelo senhor Antônio Gonçalves Mesquita, não só foi executada graciosamente, mas com manifesto entusiasmo pela parte que lhes incumbia na festa. A Providência se dignará de prolongar a existência e conservar as virtudes do digno pároco de Três Pontas".

Poderia parecer estranho que Padre Victor não tenha deixado Três Pontas para receber uma investidura assim importante, seja pelo prestígio, seja pela estabilidade de seu encargo. Não o fez porque estava empenhado em alguma coisa que reputava de grande importância não só para a paróquia, mas para toda a comunidade de Três Pontas.

Padre Victor, de fato, certo dia convidou na casa paroquial numerosas personalidades de Três Pontas e depois dos cumprimentos exortou com uma pergunta que deixou a todos surpresos:

– Quem de vocês está disponível a colaborar comigo para criar aqui um colégio com uma escola de formação?

Explicou, assim, como se a necessidade tivesse nascido daquela experiência que começou recolhendo os meninos e alfabetizando-os.

– A minha preocupação é oferecer uma instrução e formação adequada. Somente assim poderemos contar com futuros homens, cidadãos, bons cristãos. Para fazer isso precisamos ter uma escola bem estruturada, de nada servindo os esforços se forem feitos de modo isolado. A juventude será educada e estimulada a um melhor conhecimento das diversas disciplinas; só assim poderemos preparar o futuro das pessoas e de nossa terra com fé.

E concluiu:

– Eu preciso do vosso consentimento e, se for possível, da vossa colaboração.

Assim aberta a discussão, ocorreram seguidamente outros encontros até quando se conseguiu delinear o que deveria ser o Colégio *Sagrada Família*.

Com o consentimento unânime, Padre Victor foi nomeado diretor do Colégio e ensinava o latim, enquanto o ilustre magistrado Manuel Inácio Carvalho de Mendonça passou a ser professor de geografia; o médico Manuel Joaquim Bernardes, que morou por longo tempo em Paris, passou a ensinar francês e o engenheiro José Antônio de Mesquita, a matemática. Estabeleceu-se que as aulas teriam início no ano escolástico de 1861, no local da casa paroquial, até a construção de um edifício mais adequado.

A preparação daquela que deveria ser uma estrutura cultural estável e o cuidado pastoral induziram Padre Victor a evitar a perda de tanto tempo para se dirigir a Mariana para receber a investidura de vigário *colado*.

E assim começou a funcionar o Colégio *Sagrada Família*. Por mérito de Padre Victor, encontraram-se lado a lado filhos de famílias nobres e ricas, e filhos de famílias humildes, admitidos gratuitamente.

Em pouco tempo o Colégio começou a assumir o lugar de primeiro plano em todas as comemorações, não só religiosas, mas também civis, nas quais estavam sempre presentes sua orquestra e sua banda.

Essa escola conseguiu alcançar alta consideração pela organização, pela direção e por seus professores, quase competindo com o famoso Colégio do Caraça dos Padres da Missão.

Formaram-se no curso humanístico do Colégio futuros homens de cultura, professores, como Antônio Vieira Campos e Dantônio Delcídio do Amaral; competentes funcionários públicos, advogados, sacerdotes, como o mons. João de Almeida Ferrão, primeiro bispo de Campanha, o cônego José Maria Rabello, que sucedeu a Padre Victor como pároco de Três Pontas; brasileiros de grande relevância social como o jurisconsulto Manuel Inácio de Mendonça, e seu filho, João Paulo Barbosa Lima, que pertenceu ao Supremo Tribunal Militar; médicos, como o senador Josino de Paula Brito, futuro genro do Barão de Boa Esperança, João Corrêa de Souza Carvalho e Samuel Libânio.

No *Livro de Matrícula do 3º ano do Curso de Magistério – Escola de Magistério de Três Pontas* aparece uma síntese dos anos que vão de 1895 a 1908: a escola nesse período diplomou 140 professores, com uma anotação importante, isto é, os alunos não eram somente de Três Pontas, mas também de outras cidades de Minas Gerais e vizinhas do Rio de Janeiro. Em 1896, licenciou-se também um imigrante italiano, de nome Carlo Caiafa. Em suma, a iniciativa de Padre Victor se revelou determinante para a cultura da cidade e do território trespontano, e de sua ação educativa surgiu o amor à instrução e ao gosto artístico que se encontra naquela região.

Nas tardes de sábado e nas festas, a casa paroquial e as salas do Colégio estavam sempre iluminadas e animadas com música. Havia dança. Todos podiam dançar livremente. Era sempre Padre Victor quem promovia as festas, participando da alegria dos meninos e jovens, e com muita discrição fazia o trabalho de vigilância. Porém, quando o relógio marcava meia-noite, colocava-se sobre o vão da porta e, batendo os pés, fazia saber a todos que era hora de voltar para casa. Todos lhe beijavam a mão, pediam-lhe a bênção e saíam.

Durante os períodos de férias, convidava companhias de teatro profissional e organizava a apresentação de peças sempre nos locais da casa paroquial e do colégio, aberto a todos.

Padre Victor era um vulcão sempre em atividade e naquele período havia também outro pensamento, um desejo herdado de sua grande devoção por Maria: construir uma bela igreja paroquial, porque aquela em uso era a capela original, construída sobre terreno doado pelo capitão Bento Ferreira de Brito, em 1794.

A oração e o amor pela Mãe de Deus eram o seu alimento para sua grande força, que era a paciência, o acreditar firmemente nos sonhos, porque se estes eram belos e úteis, poderiam ser realizados. E se apresentou a ocasião certa para transformar aquela capela na Igreja Matriz de *Nossa Senhora d'Ajuda*, com uma área construída de outros 1.300 metros quadrados, transformada assim numa das maiores de Minas Gerais.

O jornal *A Estrela Mineira* escreveu: "Os trabalhos foram iniciados em 24 de maio de 1862 (dia de Maria Auxiliadora), com uma grande festa conduzida por Padre Victor e pelo deputado provincial Antônio José Rabello e Campos. Enquanto soltavam fogos de artifício e uma banda de música tocava, 30 enxadas escavavam a terra".

Padre Victor, conhecendo seus limites na administração dos fundos, decidiu encarregar da construção da igreja uma comissão especial. Um gesto de grande humildade e de prudência.

Em agradecimento perpétuo à Mãe de Deus por essa grande realização, Padre Victor instituiu a celebração do mês de Maria. Uma vez que ele não amava pregar, para a primeira festa chamou o jovem sacerdote Augusto Leão Quartim, que pregou todas as tardes durante o mês de maio.

Pregar não era o seu forte, não possuía o dom da palavra; então, o que fazia? Na ocasião das festas e dos períodos particularmente litúrgicos, convidava pregadores. E ele? Celebrava os sagrados mistérios com profunda piedade, e todos percebiam nisso a sua grande fé e o amor imenso pela Eucaristia. Com o tempo, só quem teve a oportunidade de conhecê-lo podia compreender que a sua maior pregação era mesmo a própria vida.

Nos dez anos de trabalho espiritual e social, convenceu muitos brancos de que o fato de terem escolhido como pároco aquele "padre negro" não era uma desgraça, mas uma bênção.

Notas bibliográficas

Reportamo-nos a alguns documentos sobre os quais está baseada a narrativa deste capítulo, cf. BD, 103-105, 108-113. O primeiro é uma carta de dom Viçoso ao coronel Antônio José Rabello e Campos para insistir com o "nosso Victor" a fim de que aceite ser candidato ao concurso de vigário *colado* (pároco estável), demonstrando assim a sua satisfação pelo trabalho desenvolvido e ao mesmo tempo o interesse a fim de continuar o seu ministério em Três Pontas. O documento se encontra no Arquivo da Cúria Diocesana de Mariana, Pasta n. 6, caixa 1, arquivo 3, Cartas de Mons. Viçoso (*Episcopi Litterae*) 1843-1873: "Meo Illmo Sr. Comp^o e Am.^{o} [...] Algumas Igrejas Parochiaes vão a concurso a 24 de Abril, tendo se fixado o Edital a 24 de Março. Ora digo eu porq. não ha de o nosso Victor oppor-se a essa Freg.ª de Tres Pontas? Quero q. v. meo Comp.ᵉ só, ou com mais Snr.ˢ o pesuadão a isso. V. S. querem, o Bispo quer e pareceme q. Deos quer. Espero a sua resposta. [...] Muito q. seo apaixonado ANT.º Bispo Mar.ⁿᵃ 5 de Fev.ʳᵒ 1861".

O bispo queria que Padre Victor fosse um vigário *colado*, isto é, confirmado. "Praticamente se deveria proceder assim: se, por qualquer motivo, permanecesse vacante uma igreja paroquial, iniciava-se um concurso público, seguindo as normas comuns eclesiásticas. Terminados os exames de idoneidade, entre os promovidos, o mais digno, tanto em capacidade como em doutrina, era escolhido pelo Ordinário a fim de receber de Sua Majestade a carta de apresentação. Depois da recomendação real, o clérigo era confirmado e estabelecido no benefício paroquial, de acordo com as normas do direito" (VEIGA, 48, 38 e 36).

A carta de requerimento para participação no concurso de Padre Victor tinha os seguintes termos: "Ex.ᵐᵒ e R.ᵐᵒ Snr., O Pᵉ Francisco de Paula Victor Vigario encomendado da Freguesia da Cidade de Tres Pontas sabendo que a mesma Freguesia se acha em concurso por Edital diz a V. Ex.ª R.ᵐᵃ q. deseja fazer Opposição e por isso vem rogar a graça de ser admittido, não só a apposição, como a promptificação de papeis pelo que E R M.ᶜᵉ O Pᵉ FRANCISCO DE PAULA VICTOR". Sobre a mesma aparece a admissão por parte do bispo: "Admittido e Remettido ao Snr. Chantre Vig.º Ger. intr.º Mar.ⁿᵃ 9 de Maio de 1861. † Ant.º Bᵖᵒ. de Mar.ⁿᵃ", com o procedimento das outras formalidades encaminhadas pelo responsável: "A, proceda-se nas Deligencias do estilo. Marianna 10 de Maio de 1861. *Andrade*".

Ademais, o atestado de João Evangelista de Meneses, vigário colado de São João Nepomuceno de Lavras: "Attesto que o R^{do} Snr. Francisco de Paula Victor actual Vigario Encomendado da Freguesia da Cidade de Tres Pontas a annos tem exercido ali este officio Parochial, no qual tem sempre se distinguido pelo ardente zelo, que emprega na administraçaõ do Pasto Espiritual a suas ovelhas com morigerada e exemplar conduta, pelo que se tem feito digno da geral estima de seos Parochiannos. O referido he verdade, a que affirmo in fide sacerdotis. S. João Nepomuceno 24 de abril de 1861. *João Evangelista de Meneses*".

O teor do Decreto imperial é o seguinte: "Dom Pedro por Graça de Deos e Unanime Acclamação dos Povos Imperador Constitucional e Defensor Perpetuo do Brasil. Faço saber a vos Reverendo Bispo de Marianna, que conformando--me com a vossa proposta Houve por bem pelo Meu Imperial Decreto do dia 12 de Junho d'este anno Apresentar o Padre Francisco de Paula Victor na Igreja Parochial da Cidade de Três Pontas, d'esse Bispado e Provincia de Minas Geraes como com effeito o apresento e Hei por apresentado com a clausula que se poderá dirigir esta Igreja quando se julgar necessario. Ora Encomendo que n'ella confirmeis e lhe passeis nossas Letteras de Confirmação na forma costumada, com que se fará expressa menção de como confirmastes por esta Minha apresentação: e com a dita Igreja haverá o mantimento e mais emolumentos e precalços que legitimamente lhe pertencerem. Esta se cumprirá sendo transitada pela Chancellaria do Imperio. Dada no Palacio do Rio de Janeiro em vinte um de Agosto de mil oito centos sessenta e um, quadragesimo da Independencia e do Imperio. *Imperador Pedro II*. José Ildefonso de Sousa Ramos. Carta pela qual

Vossa Magestade Imperial Ha por bem Apresentar o Padre Francisco de Paula Victor na Igreja da Cidade de Tres Pontas da Diocese de Marianna e Provincia de Minas Geraes como acima se declara. Para Vossa Magestade Imperial Ver.".

Nas *Constituições Primeiras do Acebispado da Bahia* acha-se prescrito: "Considerando que as Igrejas e os Benefícios Eclesiásticos não se podem ter sem título legítimo e nomeação canônica, a fim de que não seja dado início irregular à Igreja de Deus e não podendo ser introduzidos nos benefícios, determinamos que nenhuma pessoa de qualquer qualidade, estado ou condição seja nomeada para uma igreja ou benefício, antes de ser por nós investida por imposição do barrete, e fazendo-se o verbal do Escrivão da Câmara: e assim o sobredito verbal, e o título de apresentação, serão registrados *ad verbum* pelo nosso Escrivão de Câmara, no livro que para isto será numerado e assinado pelo nosso Provisor" (v. dom SEBASTIÃO MONTEIRO, Livro III, Título XXV). Razão pela qual em 21 de julho de 1861 Padre Victor apresentou ao bispo de Mariana o seguinte pedido: "Anno do Nascimento de Nosso Senhor Jesus Christo de mil oito centos sessenta hum aos vinte e hum de Julho do dito anno nesta Leal Cidade de Marianna e Cartorio da Camara Ecclesiastica, onde eu Escrivão Ajudante adiante nomeado me achava sendo ahi por parte do Reverendo Francisco de Paula Victor. Appresentado por sua Majestade Imperial me foi entregue uma petição despachada pelo Excelentissimo Senhor Bispo pedindo me que autoasse, cuja Petição he o que adiante se segue. E eu Ignacio Pereira de Almeida Escrivão Ajudante da Camara Episcopal que o escrevi.

Registrado – *Almeida*

Ex.mo Rev.mo Snr., O Padre Francisco de Paula Victor tem a honra de apresentar à V. Ex.cia a Carta pela qual houve por bem S. M. Imperial apresentar ao SuPadre (suplicante) Parocho da Cidade de Tres Pontas; e supplica à V. Ex.cia a graça de mandar proceder a competente collação; pelo que E. R. M.ce".

Pedido feito em 18 de setembro de 1861 pelos Procuradores de Padre Victor: "Francisco de Paula Victor Presbitero Secular do habito de S. Pedro e Vigario interino da Freguesia da Cidade de Tres Pontas.

S. Ex.ª Rv.ma, Pela presente Procuração por mim feita e assignada constituo meus Procuradores na Cidade de Marianna os Rv.mos Snr.es Conego José Bonifacio de Souza Barradas e João Baptista para que hum dos quaes possa por mim como se eu presente fora tomar posse de Vigario Collado da Freguesia da Cidade de Tres Pontas e fazer a Protestação de Fé para o que concedo-lhes o poder de substabelecer e todos que em direito lhes são concedidos. Tres Pontas 18 de 7br.º de 1861. *O P.e Francisco de Paula Victor.*

Termo de sugeição. Aos cinco dias do mez de Outubro de mil oitocentos sessenta e hum n'esta Real Cidade de Marianna e cazas de residencia do Muito Reverendo Ministro e Arcipreste Joaquim Antônio de Andrade Bemfica, onde eu Escrivão Ajudante da Camara Episcopal me achava, sendo ahi compareceo o Reverendissimo Conego José Bonifacio de Souza Barradas que reconheço pelo proprio de que dou fé, em nome sendo como Procurador do Reverendo Francisco Porfirio digo de Paula Victor, o qual sendo juramentado disse em nome do dito apresentado que se asujeitava a Clausula da Carta Imperial. E como assim o disse abaixo se assigna como o Muito Rev.^{do} Ministro, de depois de lido por mim Ignacio Pereira de Almeida.

Escriv.^{ao} Ajudante que escrevi. *Bemfica. José Bonifacio de Souza Barradas*".

Segue, ademais, o Ato de instituição, confirmação e investidura de Padre Francisco de Paula Victor como vigário *colado* de Três Pontas, de 7 de outubro de 1861. O documento encontra-se no Arquivo da Cúria de Mariana, junto a todos os atos do processo de investidura.

"Auto de Instituição, confirmação e Collação do Revdo. Francisco de Paula Victor na Freg.^{a} da Cidade de Tres Pontas como abaixo se declara. Aos sete dias do mez de Outubro de mil oito centos e sessenta e hum, n'esta Real Cidade de Marianna e em cazas de rezidencia do Muito Reverendo Ministro Arcipreste Joaquim Antônio de Andrade Bemfica, Provisor e Vig^r Geral do Bispado onde eu Escrivão Ajudante me achava, sendo ahi, compareceo o Revendissimo Conego Jose Bonifacio de Souza das Barradas, em nome e como Procurador do R^{mo} Francisco de Paula Victor, Parocho Apresentado por S.M.I. na Freguesia da Cidade das Tres Pontas; dizendo que, em vista de achar-se de prompto o auto de Collação de seo constituinte requeria que se procedesse a mesma, a cujo fim se achava presente: a que sendo ouvido pelo Muito Reverendo Ministro o mandou pôr-se de joelhos, e nesta forma posto jurou aos Sanctos Evangelhos, em nome de seo constituinte de ser sempre obediente a sua Santid.^{de}, a Santa Sé e aos Ex^{mos} Snr.^{es} Bispos desta Diocese, assim como de cumprir e guardar suas ordens e mandatos, e o mais contendo no Cap. = Eg^o de Jure jurando e decretos; e debaixo do M.^{mo} juramento fez a profissão de fé na forma da Bula e nesta digo e Motu proprio do Papa Pio IV q. começa in junctum nobis Apostolica servitutis officium, e logo elle o muito Rev.[do] Ministro pela imposição do Barrete que sobre a cabeça fez do Rev.[do] Procurador e do Apresentado o instituiu, confirmou o canonicando Collou na referida Igreja das Tres Pontas usando da forma costumada. In nomine Patris et Filii et Spiritus Sancti. Amem. O q. assim feito mandou elle muito Reverendo Ministro que o Apresentado tomasse Posse de seo beneficio e que nesse acto rectificasse a profissão de fé e que na mesma Igreja se mantivesse com os emolumentos (ilegível) precalços q. legitimam[te] lhe pertecerem. E para constar lavro este Auto, que sendo a tudo presentes as testemunhas presentes José Emilio Fernandes Valle e José Pacifico Peregrino D'Oliveira que abaixo se assignam com o Muito Reverendo Ministro e o Procurador do Reverendo apresentado. E eu Ignacio Pereira de Almeida, Escriv.[ao] Ajudante que escrevi. *Bemfica. Conego José Bonifacio de Souza Barradas, José Emilio Fernandes Valle, José Pacifico Peregrino D'Oliveira"*.

A cerimônia foi presidida pelo vigário-geral da Diocese, porque naquele período dom Viçoso estava realizando as Visitas Pastorais em Jequitibá (6 agosto); Sete Lagoas (25 agosto); Santa Quitéria (13 de setembro); Dores do Indiaía e Dores da Marmelada (3 de novembro); Bonfim (10 de dezembro).

A notícia da cerimônia de Três Pontas foi relatada pelo jornal A Estrela Mineira – Notícias Diversas, de 08/12/1861.

Sobre a fundação do Colégio e sobre sua importância, cf. SALGADO, 14; ASSIS, 46-47; BD, 88-90.

O *Livro de Matrícula dos alunos do 3º ano do curso Normal (1895-1908) – Escola Normal de Três Pontas* foi reencontrado na Casa Paroquial de Três Pontas (doado por Francisco de Paula Victor Gomes e Vicente de Paula Oliveira) e atualmente faz parte do Memorial de Padre Victor (cf. BD, 90, 97-98). A síntese refere-se aos anos que vão de 1895 a 1908 (exceção feita para os anos de 1902, 1904 e 1906).

Sobre bailes promovidos pelos jovens nos locais da casa paroquial e do Colégio, v. PS, *Testemunhos*, 38, 44, 97, e a longa entrevista feita pelo bispo de Campanha, dom Aloisio Roque Oppermann, ao Cônego José Maria Luz, de Três Pontas, que conheceu Padre Victor, publicada pelo mons. LEFORT, 70-76.

No que diz respeito às notícias relativas à missa e à disposição dos seus locais para a representação da peça teatral, cf. SALGADO, 37-38.

Sobre a Igreja de Nossa Senhora d'Ajuda, v. MIRANDA, 160; *A Estrela Mineira* n. 32 de 1º de junho de 1862. Esta igreja serviu como paróquia por cem anos, uma vez que somente em 1962 foi demolida para a construção da atual Igreja Matriz de Três Pontas. Sobre a comissão, v. PS, *Testemunhos*, 68; BD, 130.

Sobre o fato de que não gostava de pregar e sobre sua vida como testemunha, v. PS, *Testemunhos*, 14, 15, 20, 24, 36. Sobre a pregação de padre Augusto Leão Quartim (v. BD, 87-88), nascido em Mariana em 11 de maio de 1845, era filho de Ricardo Leão Quartim e Maria do Carmo da Silva Quartim. Foi ordenado em 5 de janeiro de 1868. Em 1872 foi a Portugal para encontrar-se com sua família. Voltando à Diocese, foi vigário de dom Pimenta. Passou também por São Paulo e depois por Niterói, onde se instalou definitivamente, exercendo até sua morte o cargo de vigário-geral. Monsenhor

Quartim foi sempre ligado à sua diocese de origem (v. TRINDADE, *Arquidiocese de Mariana*, I, 359).

Em Três Pontas se conserva a tradição inspirada por Padre Victor, segundo a qual no mês de maio o povo participa diariamente da missa e das homenagens a Maria Auxiliadora em todas as escolas e associações paroquiais (v. BD, 87-88; PS, *Testemunhos*, 15, 76, 83, 90, 102).

CAPÍTULO XI

O imperador dom Pedro II tencionava gradualmente e sem interrupção extinguir a escravidão no Brasil, e passo a passo estava conseguindo o objetivo. Com a *Lei Eusébio de Queirós*, de 4 de setembro de 1850, ficou proibido o tráfico de escravos da África, e com a *Lei do Ventre Livre* ou *Lei Rio Branco*, aprovada em 28 de setembro de 1871, ninguém mais no império nasceria escravo. Na intenção do imperador e do partido conservador, que assumiu a posição abolicionista, através dessa lei a extinção da escravidão estaria completada com a morte dos escravos existentes.

Dom Pedro, não satisfeito completamente com aquela situação legal, pretendia facilitar o máximo possível a emancipação, ainda que isso pudesse aborrecer muito os proprietários de escravos. Permitiu então que, por lei, se constituísse, em cada Comarca (Província), uma junta abolicionista que estivesse encarregada de promover a aquisição da liberdade dos escravos através de uma indenização aos proprietários.

Os admiradores do imperador queriam homenageá-lo construindo-lhe uma estátua, mas ele, ao saber, renunciou àquela honra, pedindo que o dinheiro necessário para construir o monumento fosse, ao contrário, utilizado para alforriar os escravos.

As várias Comarcas (Províncias) reunidas, constituídas preferentemente por abolicionistas e filantropos, receberam um subsídio do governo central e formaram um fundo, de modo que, em algumas ocasiões, se pudesse entregar ao escravo liberto também um pequeno dote para iniciar uma atividade.

O procedimento colocado em ação era o seguinte: a junta requeria ao juiz de Direito (juiz competente) a inscrição do escravo a candidato para receber a *Carta de Alforria* (atestado de liberdade). O juiz nomeava árbitros para calcular o valor do escravo inscrito. Estabelecido o valor, a junta depositava a quantia, colocando-a à disposição do patrão; no momento em que ele aceitava, o juiz redigia a *Carta de Alforria*.

Em Três Pontas a junta abolicionista estava sob a presidência do advogado Custódio Vieira de Brito, descendente de uma nobre família local.

A junta pediu a inscrição de dois escravos pertencentes a ricos fazendeiros. Por esse motivo, os escravos deixaram as respectivas fazendas e se refugiaram na casa do presidente, onde prestavam serviço remunerado conforme determinava a lei.

Os fazendeiros, todavia, pessoas de grande reputação, mas de escassa capacidade de compreensão, consideraram o procedimento usado por Custódio mais que um abuso, uma verdadeira e profunda insolência. Então, decidiram reagir.

Em uma acalorada reunião familiar, planejaram lavar com sangue aquela imperdoável afronta. Reuniram-se vizinhos, parentes e amigos, e quantos se pusessem de acordo contra a ação da junta, decidindo invadir a cidade, massacrando os membros da junta e incendiando a casa do presidente. Para desencorajar qualquer outra ação abolicionista, espalharam o terror nas casas de todos que queriam proteger os negros. Naturalmente, para o que era necessário, procuraram ter armas de todo tipo e dois grandes tanques de querosene, que seriam usados no incêndio da casa e para espalhar o pânico.

Um escravo de uma das fazendas, porém, acompanhou todos os preparativos. Na tarde anterior ao dia marcado para o ataque, esperou que os senhores fossem dormir e escapou para a cidade. As fazendas eram muito distantes da cidade, de modo que caminhou quase toda a noite. Queria salvar todos os que estavam se comportando nobremente nos confrontos da sua raça infeliz.

Chegando à cidade já de madrugada, com uma pedra, bateu na porta da casa de Custódio Vieira de Brito, transmitindo-lhe minuciosamente tudo que se estava tramando contra ele e os componentes da junta, e também contra os simpatizantes da causa abolicionista.

Ao amanhecer, Custódio, com sua família, já estava longe da cidade, próximo de Campos Gerais, o mesmo fazendo os membros da junta. As pessoas estavam assustadas e havia uma ânsia difusa na expectativa do ataque.

Às 14 horas veio a informação exata de que o bando estava se aproximando, portando sobre uma mula dois tanques de querosene, e disparando tiros para incitarem um ao outro a ação que estavam para realizar.

Evidentemente Padre Victor foi informado de tudo. Muitos imploraram para que ele se colocasse a salvo porque sabiam que seria um possível alvo. Mas, com muita firmeza, respondeu que não deveriam ter pena dele; em vez disso, que permanecessem todos trancados em casa.

O vigário empunhou o crucifixo e foi direto para a entrada da cidade, onde estava prevista a chegada deles. Lá a rua se transformava numa espécie de corredor, porém facilmente controlável. Parou no meio da rua e esperou.

Precedido pelos gritos e pelos disparos, por fim, surgiu o bando. Quando os primeiros chegaram diante dele, pararam e fez-se um grande silêncio.

– Deixe-nos passar, senhor vigário! – disse com voz ameaçadora um dos chefes.

– Quem os está impedindo? – respondeu secamente Padre Victor.

– O senhor que está no meio da estrada.

– Ah! E têm medo? Passem!... Passem!... Mas precisam passar por cima de mim! – e levantou a cruz.

Foi um imprevisto que não havia sido calculado. Todos foram pegos de surpresa.

– Repito-lhe: deixe-nos passar, estamos indo fazer justiça – tornou a dizer o homem.

– E eu também repito que não existe problema algum, façam avançar os vossos cavalos, passem por cima de mim e a rua será liberada! – respondeu com voz firme o pároco, depois repreendendo: – Que justiça? Existem brancos finalmente sensatos que querem dar dignidade a tantos seres infelizes? Qual é a sua justiça? Uma vez que eu sou um deles, se considerem justa a sua causa, vamos, coragem! Passem sobre o meu cadáver!

160

O murmúrio se transformou em silêncio. Os comandantes se afastaram para consultar-se. Havia quem propunha desistirem; outros, ao contrário, sugeriam fingir que se retiravam, para entrar em Três Pontas pela rua oposta; e alguns, por fim, chamavam à reflexão para considerar a espiral de violência que estavam para iniciar, pela articulação contra a lei do imperador, concluindo:

– Encontraremos a qualquer momento a Guarda Nacional! E pagaremos caro!

– E nós venderemos caro a nossa pele – gritou alguém mais impetuoso.

Tentando insistentemente um acordo, os chefes aproximaram-se novamente do padre:

– Padre, mas por que esse comportamento? – disseram-lhe em tom de repreensão.

– Porque sou um padre! – rebateu rapidamente Padre Victor.

– E daí! – exclamou o habitual insensato que se intrometia nos momentos delicados.

– Filho meu, eu sou um padre, um homem que deve pregar a paz! Entendeu agora?

Os dois fazendeiros que possuíam maior autoridade aproximaram-se:

– Permita-me que lhe fale, padre – disse um deles. – É realmente um homem corajoso!... e vendo sua coragem, decidimos desistir da empreitada – e, disparando para o ar, gritou: – Um viva pelo nosso senhor vigário!

E todos repetiram o viva, disparando, porém, no sentido contrário, e retornaram todos para trás.

No silêncio espectral que dominava Três Pontas, aqueles disparos foram interpretados de vários modos. Quando viram o pároco voltar sozinho a passo rápido, suspiraram aliviados, enquanto iam abrindo as janelas.

Contente, Padre Victor foi depressa para a igreja e começou a tocar a fileira de sinos. O povo se aproximou rapidamente.

– Cantemos um *Te Deum* ao Senhor – convidou-os –, porque hoje o Senhor iluminou as mentes e evitou que Três Pontas fosse humilhada por um pavoroso crime.

Depois desse acontecimento, diversos nobres e fazendeiros, para exprimir sua grande admiração, deram início ao movimento para que o imperador dom Pedro II nomeasse Padre Victor como cônego da Capela Imperial, mas nada foi feito.

Retomada a vida normal, um dia um grupo de homens veio da cidade de Patrocínio, procurando o pároco. Quando o encontraram, convidaram-no a segui-lo:

– Só o senhor, senhor vigário, pode fazer alguma coisa por nós. No nosso moinho uma pedra gira em sentido oposto. Procuramos de todas as formas entender o motivo... aparentemente nada existe que impeça seu funcionamento normal, mas... toda vez torna a girar ao contrário, impedindo o trabalho e colocando em perigo o resto do maquinário.

Padre Victor levantou-se, preparou o necessário e os seguiu. Chegando ao moinho permaneceu longe do prédio, recolhido em oração, pois havia pedido para reunir os trabalhadores. Pediu que todos ficassem de joelhos e então celebrou a missa.

– Agora tentem colocar a máquina em movimento – disse.

Obedeceram e tudo tornou a funcionar com perfeição.

No momento em que se encontrava na estrada de retorno, Padre Victor encontrou uma manada de gado. Minutos se passaram, quando altos gritos dos vaqueiros chamaram a sua atenção: os animais pareciam impacientes, corriam de um lado a outro, não obedecendo mais aos vaqueiros.

Voltou atrás e com o cavalo começou a correr em torno gritando:

– Oa! Oa!

Lentamente os bois foram se acalmando e ficaram mansos. Os vaqueiros não paravam de agradecer-lhe, maravilhados com aquela grande capacidade, impensável em um homem de igreja.

Chegando a Três Pontas, encontrou Rosa muito alarmada. Ela lhe indicou o professor Afonso Sinfrônio Moreira, que estava sentado em um canto da sala.

– Padre vigário – concluiu a mulher. – Está ali desde quando o senhor partiu... não responde... como se estivesse ausente.

O padre, aproximando-se, sentou-se ao seu lado. Num instante o professor, como se acordasse de um sono profundo, olhou para o sacerdote e disse:

– Posso ficar com o senhor, vigário? Na minha casa todos me querem mal... eu fugi... sabe, creio que decidiram matar-me... querem que os muros caiam sobre mim... Mas eu consegui escapar e me refugiei aqui. Não o incomodarei... não o incomodarei, mas me ajude, deixe-me ficar aqui.

Padre Victor acalmou-o e depois deu ordem a Rosa para preparar-lhe um quartinho com uma cama. Entendeu que o homem estava atravessando um sério período e necessitava de uma atenção especial. Apenas recomendou:

– Professor, recorde-se de que não deverá nunca entrar naquele quarto ali ao fundo! Entendeu?

Antônio Sinfrônio beijou-lhe a mão e respondeu:

– Ficarei apenas no aposento e não incomodarei ninguém.

E como uma lesma que encontrou a sua concha, escondeu-se naquele quarto, lia e estudava todos os dias. À tarde, Padre Victor ia encontrá-lo e conversavam longamente.

Todos os que frequentavam a casa paroquial sabiam que não deviam de forma alguma entrar no quarto no fundo do corredor. Rosa e as pessoas mais íntimas conheciam o motivo daquela proibição. Naquele quarto ficava um adolescente leproso.

Tudo começou certo dia, no qual Padre Victor notou, no fundo da igreja, um jovem que estava isolado, com um véu feminino sobre a cabeça. Ele tentou se aproximar, mas a certa distância o jovem o intimou:

– Pare aí, vigário! Não se aproxime!

O modo como pronunciou aquela frase parecia não ser de uma pessoa de Três Pontas ou da vizinhança. Padre Victor, fazendo-se de ingênuo, quis saber o motivo.

– Descobri que estou com lepra... – respondeu secamente o jovem, e depois, continuando em tom lamentoso: – Não quero ir para o leprosário... então me escondi aqui, porque ouvi dizer que o senhor é um padre bom, que encontra sempre a solução para todas as coisas.

– Antes fosse! – exclamou o padre, dando uma risada. Depois, tornando a ficar sério, perguntou: – Tem certeza de que é lepra?

– Sim, padre – e retirou o véu da cabeça. A terrível doença já havia comido uma parte da orelha e tinha avançado por todo o rosto.

O vigário olhou-o com compaixão.

– Não me expulse, padre – implorou o jovem, olhando com os olhos cheios de medo.

Aquela visão atravessou o coração do padre.

– Espera-me aqui – disse-lhe simplesmente.

Assim, Padre Victor deu um destino àquele pequeno quarto bastante isolado. Todas as tardes, tomando o cuidado necessário, levava-lhe comida e o confortava. Ensinou-o a rezar e a ler, mas, sobretudo, conseguiu infundir-lhe esperança.

O Colégio ia bem, mas frequentemente Padre Victor estava em dificuldade para pagar os professores e os fornecedores de alimentos. Mesmo assim, eram numerosos os rapazes e moças que estudavam de graça, porque não podiam pagar, tantos eram os pobrezinhos que vinham bater em sua porta... Em suma, chegou ao ponto de vender a casa paroquial a um credor hipotecário, que a destinou ao Hospital da Misericórdia, concedendo-lhe – bondade sua! – o usufruto.

Quando lhe faltava dinheiro e tinha necessidades urgentes, dirigia-se a alguns abastados, entre eles Manoel de Oliveira, conhecido por Neca da Espera. Ele atendia-o de pronto.

Padre Victor, algumas vezes, devolvia o empréstimo depois de pouco tempo. Acontecia, porém, que o pagamento se atrasava. Nessas ocasiões, procurava Neca com um saquinho de moedas: havia recolhido todas aquelas mínimas ofertas deixadas na igreja pelas pessoas pobres.

Com um sorriso meio embaraçado, pedia desculpas por ter levado todo aquele dinheiro em moedas, mas assegurava que se podia confiar porque correspondia à soma que deveria devolver.

Um dia, Neca avistou-o de longe. Aquele grande homem negro com aquele pequeno saco na mão o fez sentir ternura:

– Senhor vigário – disse-lhe –, fique tranquilo, não me deve nada. Tome, é seu. Utilize-o como achar melhor.

Como ao dinheiro, Padre Victor não era apegado a bens materiais. Um dia padre João Colanzas Nogueira foi até Três Pontas para aconselhar-se com ele. Sobre a mesa percebeu um paliteiro de dentes de prata muito bonito. Padre Victor, notando que o admirava, disse-lhe:

– Se gosta, fique para você. Foi um presente que ganhei de aniversário de sacerdócio.

Como padre João ficou sem jeito, o vigário continuou:

– Pegue-o. Não se acanhe. Na minha casa vem muita gente e pega o que encontra; não com a intenção de roubar, mas todos sabem que podem pegar aquilo de que gostam. Por isso, se é de seu gosto, pegue-o, porque, se não o pegar, com certeza será de algum outro.

Notas bibliográficas

O fato é narrado por SALGADO (pp. 30-34), por MIRANDA (pp. 144-146) e exposto pela BD, 101-102.

Fez-se uma clara referência à Lei n. 2040, chamada *Lei do Ventre Livre* ou *Lei Rio Branco*, do chefe do gabinete Visconde do Rio Branco, aprovada em 28 de setembro de 1871. A lei foi muito combatida porque era contrária aos agricultores de café de São Paulo, Minas Gerais e Rio de Janeiro. Estabelecia que todos os filhos de escravos nascidos a partir do dia da promulgação da lei seriam livres e todos

167

os outros, a partir da maioridade, isto é, 21 anos. A atuação da lei, por conta também de numerosos artifícios, encontrou dificuldades para ser aplicada, gerando episódios trágicos que poderiam ter sido narrados.

A *Carta de Alforria* era um documento dado a um escravo por seu patrão, uma forma de "atestado" de liberdade no qual o proprietário renunciava aos direitos de propriedade da pessoa. O escravo, na posse desse documento, era chamado *negro forro*. O documento era recebido gratuitamente ou mediante pagamento, com a ajuda de benfeitores, com a fixação de uma comissão (cf. CALDER MILLER J., *Slavery and slaving in world history. A bibliography, vol. I 1900-1991,* Kraus International Publications, 1999; MOURA CL., *Dicionário da Escravidão Negra no Brasil,* EDUSP, 2004).

Custódio Vieira de Brito transferiu sua residência para Ouro Preto, enquanto os organizadores daquela junta, gente bastante digna, naturalmente apreciaram muito o gesto de Padre Victor, que impediu a indigna ação deles que poderia precipitá-los em um abismo, em razão do interesse do imperador pelo grande problema da extinção do regime servil.

A investigação para o pedido de Cônego da Capela imperial se encontra no *Archivo Nacional do Rio de Janeiro – Divisão de Acesso à informação do Rio de Janeiro* (1872-1875), v. BD, 105.

Sobre os vários fatos narrados em sequência, cf. PS, *Testemunhos*, 17, 25, 76, 85.

Sobre o cuidado especial por uma pessoa doente e sobre a presença de um leproso em sua casa, cf. PS, *Testemunhos*, 37, 52; BD, 91.

Sobre a questão hipotecária, v. SALGADO, 18; BD, 98-101; sobre a dívida com Manoel de Oliveira, conhecido por Neca da Espera, PS, *Testemunhos*, 25.

Com relação ao paliteiro, referiu mons. Assis e algumas testemunhas, v. PS, *Testemunhos*, 90.

CAPÍTULO XII

Padre Victor estava ajoelhado em um canto meio escondido da igreja a rezar o breviário, quando se aproximou dele um homem que, inclinando-se respeitosamente, lhe entregou uma carta:

– Espero a resposta – disse-lhe.

O vigário olhou-o curioso, momento em que começava a abrir a carta com o sigilo episcopal.

Dom Viçoso pedia-lhe para ir a Mariana, porque precisava vê-lo com urgência.

– Diga a Sua Excelência Reverendíssima que partirei rapidamente amanhã cedo, depois de celebrar a missa das cinco... quando o Senhor quiser, chegarei – disse também ao mensageiro.

No dia seguinte, depois de fazer as orações aos fiéis que participaram da celebração, subiu em seu cavalo e pôs-se em viagem.

Na semana seguinte, no final da manhã, Padre Victor chegou à avenida que levava ao Seminário, onde o bispo agora costumava passar um tempo por causa de sua idade avançada. Enquanto o cavalo ia passo a passo, o sacerdote olhava para todos os lados daquele grandioso prédio e ficava recordando as condições em que, uns vinte anos antes, havia percorrido aquele mesmo caminho e... sorriu. Naquela época estava para iniciar a realização do sonho de tornar-se padre;

agora, ao contrário, ali retornava com a realidade da vida pastoral sobre os ombros.

Todos que o encontravam o saudavam e, descendo do cavalo, alguns velhos escravos do Seminário vieram correndo beijar-lhe a mão. Um deles disse-lhe baixinho:

– Oh, Padre Victor, você é nosso orgulho!

Depois de tomar banho e trocar de roupa, como era seu costume, foi bater na porta do gabinete de seu amado bispo. Sentiu aquela voz forte e decidida dizer:

– Entre!

Com o chapéu na mão, entrou educadamente, quase na ponta dos pés. Dom Viçoso levantou-se da escrivaninha para ir ao seu encontro. Era ainda um homem imponente e, apesar de ter mais de oitenta anos, parecia que a velhice não o havia atingido minimamente nem no físico nem na lucidez.

O sacerdote, consciente da honra que o superior lhe estava reservando, inclinou-se e, para ter as mãos livres, aproximou o chapéu na parede próxima da porta para pendurá-lo. Embora não houvesse nenhum gancho, o chapéu ficou parado sobre aquela parede lisa!

O bispo percebeu aquele gesto e ficou um tanto impressionado, mas, sem deixar perceber coisa alguma, estendeu-lhe a mão. Padre Victor, fazendo a genuflexão, queria beijar-lhe apenas o anel, mas o prelado retirou rapidamente o braço, ajudou-o a levantar-se e depois o abraçou.

Foi um abraço longo e comovido, como aquele entre dois homens que se estimam.

– Excelência Reverendíssima, mandou me chamar? Estou aqui para escutá-lo – disse Padre Victor, procurando superar a emoção.

– Meu caro Padre Victor, venha, acomode-se – respondeu-lhe o bispo, aproximando-lhe a cadeira, depois de, dando a volta pela escrivaninha, sentar-se também ele.

Olhou-o com certa satisfação:

– O meu caro vigário *colado*... – começou a dizer. – Faz um bom tempo que não nos vemos... Vejo que está bem.

Padre Victor respondeu com aquela voz de grave que o distinguia ainda mais quando estava emocionado:

– Graças a Deus, Excelência Reverendíssima, estou bem... vejo que o senhor também está bem, parece que o tempo não passou.

– Eh, caro Padre Victor, tenho já os anos e as dores, mas devo apenas agradecer ao Senhor, não posso reclamar – replicou o prelado, dando um breve sorriso de satisfação.

Padre Victor começou a falar sobre qualquer outra coisa, quando o bispo foi direto ao assunto:

– Mandei chamá-lo para saber e ver como está... Como vão as coisas? – e sem deixar-lhe tempo para responder, assumiu o seu costumeiro aspecto severo e continuou: – Sim, a verdade é que quero saber como está, mas também ter um esclarecimento sobre uma denúncia que me foi apresentada contra sua pessoa – ao mesmo tempo que lhe mostrava uma carta.

O prelado, arrumando lentamente a correspondência entre as mãos, sondava-o, como a querer surpreender no seu semblante os sinais de alguma reação. Assim, ainda uma vez, sem dar-lhe tempo de responder, prosseguiu:

— Antes de apresentar o assunto, gostaria que ficasse bem clara uma coisa, ao contrário... gostaria que se imprimisse em seu íntimo: eu tenho um alto conceito sobre sua pessoa, seja como homem, seja como ministro de Nosso Senhor. E nunca me arrependi de ter-lhe dado a possibilidade de tornar-se sacerdote. O senhor é um bom sacerdote, que cumpre os seus deveres, obediente, fervoroso e com uma boa consciência. Essa denúncia, todavia, me diz que não há controle em sua atividade, em suma, um gastador que depois não paga o que deve. Naturalmente não o convoquei aqui para repreendê-lo, chamei-o para escutar suas razões segundo a sua consciência de sacerdote e de homem de Deus. Gostaria que respondesse com toda franqueza e lealdade. Diga.

Padre Victor, que tudo escutou com o olhar baixo e o rosto levemente inclinado, levantou a cabeça e, dando um suspiro, começou a dizer:

— Ah! Excelência Reverendíssima, infelizmente é verdade! Sim, aquilo que lhe foi contado, não sei se por uma ou mais pessoas... corresponde à verdade. Não economizo para mim, nem sou capaz, quando alguém me pede, dou sempre tudo que tenho. Assim devo dinheiro a muitas pessoas... sou obrigado a recorrer a empréstimos para dar o salário justo a todos que trabalham no Colégio que, como sabe, criei em Três Pontas, e não posso onerar com mensalidades os rapazes que não podem pagar... pois a igreja que estou terminando... transformou-se numa bela igreja, Excelência Reverendíssima! — e o disse prazeroso, olhando com satisfação o seu superior que, movendo lentamente a cabeça, concordou.

Padre Victor parou por um instante, como a procurar recolher os pensamentos, depois continuou:

– Excelência Reverendíssima, não estou dizendo isso para justificar a minha incapacidade! Longe de mim querer que outros paguem por aquilo que somente eu devo pagar! Sim, Excelência Reverendíssima, as dívidas são verdadeiramente muitas, confesso. Culpado? Culpadíssimo! Portanto, como escreveu Manzoni, o famoso escritor italiano que o senhor conhece: espancável? Espancabilíssimo! Por isso, se Sua Excelência Reverendíssima achar oportuno dar-me uma punição, estou pronto a recebê-la! Permita-me apenas dizer, de joelhos diante de Deus e do senhor, que prometo mudar de vida. Ressarcirei a todos. Voltando à paróquia, estudarei um modo de resolver essa situação desagradável. Cumprirei as sanções que me forem impostas. Peço mandá-las por escrito. Peço humildemente para rezar por mim, porque tenho necessidade de suas orações. Abençoe-me, Excelência Reverendíssima. Seja louvado Jesus Cristo!

Dom Viçoso, vendo sua angústia, preferiu nada mais acrescentar; em vez disso, despediu-se rápido, segundo o que ele lhe pedira.

A viagem de volta a Três Pontas foi muito lenta, como se Padre Victor tivesse deixado o cavalo escolher sua marcha. Parecia ausente, pensativo, quase não tinha vontade de voltar rápido à paróquia. O pensamento constante era de procurar um modo de livrar-se do peso tremendo daquela incumbência. Havia feito uma promessa diante de Deus e diante de seu bispo que deveria honrar a todo custo, mas como? Como conseguir todo aquele dinheiro? Somente uma ajuda da Providência poderia resolver... havia lido em tantas vidas dos santos que em situações semelhantes o Senhor os havia tirado da dificuldade. Por isso rezava, porém, como um angustiado, a sua racionalidade o convencia daquela que ele chamava: falta de fé!

– Sim, mas eles eram santos! – dizia, e repetia no dia a dia: – Como conseguir todo aquele dinheiro?

Um balanço contínuo de esperança e de aflição, mas, quando Deus quer, remove montanhas.

Felizmente, estava escurecendo e não encontrou pelo caminho nenhum dos seus paroquianos. Chegou à casa paroquial, retirou a sela do cavalo, comeu alguma coisa que Rosa havia preparado e foi para o quarto repousar em sua cama depois de tantos dias. Mas o sono parecia ter desaparecido e teve uma noite de insônia. Ficou a virar e a revirar-se na cama atormentado por aquele pensamento que se transformara numa obsessão, um pesadelo.

Logo de manhã levantou-se e foi até a igreja rezar. Até então, a única solução que jamais admitira era deixar o seu amado rebanho e pedir para ir a qualquer outra paróquia ou maior ou mais distante; somente assim conseguiria pagar as dívidas. Como?

A paróquia de Três Pontas lhe daria algum presente importante pelo serviço de tantos anos e a nova paróquia certamente manifestaria o acolhimento com outros presentes; em suma, esses presentes, com outras economias, lhe permitiriam pagar os credores.

Essa solução chegou a melhorar-lhe o ânimo, mas não durou muito tempo. Ao contrário, terminou por entristecê-lo ainda mais, seja pela dor de deixar aquela paróquia, seja pela violência que faria à sua alma por adquirir uma mentalidade de contabilista, a ele bem estranha. Dizia consigo mesmo: "Se for procurado por algum necessitado, o que lhe direi? 'Me desculpe, seu pároco não pode ajudá-lo, porque deve economizar para livrar-me das dívidas? Arranje-se!'".

Todos na paróquia e no Colégio começaram a notar que Padre Victor estava mudado. Não parecia mais o mesmo. Era como se os seus olhos vivos tivessem desaparecido de repente, e com frequência mostravam o seu sofrimento. O sorriso bondoso havia cedido lugar a uma expressão distante, melancólica. Em suma, aquele homem que encontrava prazer na felicidade dos outros tornara-se indiferente.

Os paroquianos não deixaram de perguntar a Rosa, mas ela balançava os ombros e acrescentava:

– Na casa paroquial parece ter-se tornado mudo.

Num domingo, durante a missa solene, Padre Victor, franco e leal como todos o conheciam, conseguiu expor, finalmente, a terrível aflição que o atormentava e anunciou oficialmente que havia pedido demissão da paróquia.

Os paroquianos permaneceram petrificados, ficaram surpresos também os autores da denúncia ao bispo, e, terminada a celebração, formou-se uma fila para pedir-lhe que mudasse sua decisão.

Ele agradecia com um sorriso forçado; uma expressão através da qual todos puderam concluir que a decisão não fora tomada com a intenção de reencontrar a serenidade de ânimo e continuar a desempenhar com coerência a atividade pastoral.

Padre Victor tinha agora a sensação de ter-se libertado de um peso que o oprimia e decidiu passar as tardes em vigília, para procurar, naquele momento de trevas de sua alma, recuperar o fio de um contato íntimo com o Senhor até tarde da noite.

As pessoas viam o reflexo da luz da janela e comentavam:

– Pobre padrinho!

Certa noite Padre Victor, terminada a vigília, decidiu ir até seu quarto para repousar um pouco, quando percebeu um vozerio extraordinário que vinha da rua. O que poderia ser àquela hora da noite, quando geralmente todos dormiam?... Ficou parado e de ouvidos atentos para decifrar melhor aquela barulheira que parecia aproximar-se sempre mais. Então começou a perceber não só vozes de pessoas, alguma badalada, mas também sons de uma banda musical.

De modo distinto escutou vivas, depois aplausos, cantos, badaladas, risos, em suma, uma festa...

– Mas o que estarão festejando? – disse a si mesmo. – É possível ter-me esquecido de alguma coisa?

Parou no centro do aposento sem resolver voltar para cama e sem ter coragem de ficar junto da janela para ver, para perceber o que estava acontecendo. No entanto, aquelas vozes alegres e aquela música se aproximavam cada vez mais.

Num improviso, porém, fez-se silêncio.

Padre Victor, nesse momento, estava pensando em voltar para cama, quando ouviu baterem na porta. Vestiu rápido a batina e tratou de abrir.

Logo que abriu a porta, encontrou diante da casa um grande número de pessoas segurando velas acesas... parecia a procissão da Sexta-feira Santa! Na primeira fila estavam as crianças vestidas de branco...

Estava pensando seriamente ser um pesadelo, uma alucinação!

Mal se recuperava daquela visão, quando a banda recomeçou a tocar, executando o seu melhor repertório, entremeado dos fogos de artifício e do grito das pessoas:

– Viva o nosso vigário! Viva, viva, viva!

Padre Victor permaneceu petrificado, não conseguia atravessar a porta, de modo que uma criança vestida de branco pegou-o pela mão e o levou para fora, e todos formaram em torno dele um grande círculo. A banda parou de tocar, e as crianças entoaram um canto. Terminado o canto, fez-se silêncio.

Uma moça dirigiu-se até ele portando um vaso de flores, enquanto da multidão surgia a voz possante de um homem que, improvisando um discurso muito aplaudido, disse:

– Caro Padre Victor, estamos todos aqui para fazer-lhe uma agradável surpresa! Decidimos ardentemente confortar o seu coração generoso! Pedimos-lhe a permissão de oferecer--lhe neste momento um presente! Queremos que não o rejeite! Neste vaso tem um presente que lhe trouxemos com alegria! Examine-o e verá que é oportuno!

O sacerdote não conseguia parar a agitação de seus lábios, que traduziam a fortíssima emoção. Retirou as flores sobre o vaso e nele encontrou um envelope fechado. Quando

179

o abriu, seus olhos transformaram-se em duas fontes apenas ao ler o que estava escrito: "Pagamos todas as suas dívidas!".

Parando um pouco o olhar sobre todas aquelas pessoas, avistou os professores, os alunos, os paroquianos, os fazendeiros... Queria agradecer, queria dizer alguma coisa... queria... não conseguia, porém, dizer uma só palavra. Um nó na garganta e o pranto copioso bloquearam-no completamente.

Fora fulminado pela generosidade de sua gente!

E naquele silêncio mágico no qual eram sentidos só os seus soluços, a comoção era geral. Depois uma das moças do Colégio colocou-se na frente e, falando em nome de todos, disse-lhe:

— Caro pastor e padre nosso, o senhor teve um pequeno sinal do amor que lhe temos. Saiba que o senhor é para todos nós o vigário, mas principalmente o nosso padrinho! Agora vá descansar. Durma, finalmente, tranquilo! Pedimos ao senhor apenas uma coisa, uma coisa que não nos pode negar: Fique conosco! Não nos abandone! As dívidas agora estão pagas, todas! É um sinal, um pequeno sinal do quanto lhe devemos! Assim pagamos também a nossa dívida com o senhor por tanto amor, afeto e veneração!

Alguns dias depois o bispo, dom Viçoso, foi informado de tudo minuciosamente. Ao tomar conhecimento da notícia, o prelado ficou emocionado a ponto de verter lágrimas e não parava de agradecer ao Senhor por ter ajudado aquele seu servo fiel.

Notas bibliográficas

O que foi narrado neste capítulo teve como fonte o que Júlio Bueno se referiu como "a inesperada surpresa" na revista A*lvorada* 1 (1928), sobre o depoimento de um aluno do Colégio de Padre Victor na época dos fatos, conforme reportou TRINDADE, *Arquidiocese de Mariana*, II, pp. 1112-1114, citado por mons. LEFORT, 20-21; e do que é contado na biografia escrita por mons. ASSIS, mencionado também por mons. LEFORT, 23-28.

A data que se projeta das palavras conclusivas de mons. ASSIS – "Saibam todos os que leram a presente narração deste fato acontecido há uns oitenta anos atrás, que o autor desta biografia, ao descrever esta emocionante cena... soltou, também, algumas lágrimas" – deve ser, igualmente, retrocedida a algum decênio. O episódio deve ter ocorrido nos primeiros anos 70 de 1800, antes da morte de dom Viçoso (1875).

O episódio é recordado por diversas testemunhas ouvidas na pesquisa diocesana, que receberam informações de seus pais e avós, v. PS, *Testemunhas*, 12-146 *passim*.

Na época, dom Viçoso deveria ter mais de 80 anos, já que nasceu em 13/05/1787.

CAPÍTULO XIII

A Fazenda Pitangueira, de propriedade do senhor Francisco José da Silva, marido de dona Maria Cândida de Gouveia, localizava-se a três ou quatro quilômetros de distância da cidade de Divisa Nova, no sul de Minas Gerais. Era uma fazenda próspera e fértil, e seus proprietários, pessoas muito ricas.

Numa noite de lua nova, aproximadamente no ano de 1874, eles começaram a ouvir sobre o teto da casa sede fortes ruídos seguidos de gargalhadas prolongadas. Até aí tudo andava bem naquela empresa bem organizada e naquela casa de campo agradável. Porém, no dia seguinte, assim que amanheceu, o clima da fazenda havia mudado completamente. Nervosismo entre os familiares; nervosismo entre os animais... O estábulo arrombado; o gado que abandonava o pasto para destruir as lavouras. Burros e cavalos que empacavam por nada. Cavaleiros que se sentiam mal... em suma, uma sequência de desordem. Os trabalhos e muitos negócios começaram inexoravelmente a andar mal.

Todos os membros daquela boa família, notando a brusca mudança geral, ficaram muito impressionados. Não poderia ser mera coincidência.

Alguns dias depois, por volta das dez horas, dona Maria Cândida Gouveia, a proprietária, ouviu um novo barulho e uma risada que vinha de cima do telhado. Aguçou os ouvidos e escutou distintamente uma voz lhe dizer:

– Vai ao pasto para ver como está o gado – seguida de uma gargalhada.

Acompanhada de alguns empregados, dona Maria saiu imediatamente e, chegando aos pastos, viu diante de si grande parte dos animais abatidos, mortos, sem aparentar ferimento algum!

A fazendeira, diante daquele quadro espantoso, ficou aterrorizada. Com as mãos entre os cabelos começou a alternar lamentos e invocação a Nossa Senhora, chorando e soluçando como uma menina:

– Nossa Senhora, tenha piedade de nós! – repetia.

Voltando rapidamente para casa, contou tudo que havia visto a seus familiares, que, tomados de angústia, correram a constatar aquela mortandade nos pastos e a sepultar as carcaças.

Passados poucos dias, enquanto dona Maria costurava, improvisadamente foi atingida na cabeça por uma pedra. Todavia, as janelas estavam fechadas!

A mão que havia levado ao local em que fora atingida estava banhada de sangue. Os empregados a socorreram enfaixando a ferida e levaram-na a deitar-se na cama. Ela, olhando para a imagem de Jesus Crucificado, disse:

– Meu Jesus dulcíssimo, o Senhor que derramou teu sangue precioso por causa de nossos pecados, te ofereço este meu pobre sangue, aceita-o! Mas livra-nos... livra-nos.

Todos estavam convencidos de que havia sobre a fazenda sinais da presença do maligno e ficavam sempre alertas e ansiosos sobre qual poderia ser o próximo alvo.

Por aproximadamente uma semana, não se percebeu nenhuma manifestação negativa, quando um dia, enquanto preparava o almoço, dona Maria Cândida sentiu agitação no galinheiro e foi ver o que estava acontecendo; enquanto observava, uma voz rouca lhe sussurrou no ouvido: "Vai, vai ver seu almoço...", seguida de uma gargalhada.

Assustada, voltou correndo até o fogão e encontrou as panelas cheias de todo tipo de esterco animal, tanto de vaca, de porco e de galinha... com um mau cheiro indescritível.

Isso não era nada em comparação ao que ocorreria depois. Cairia sobre seus ombros como um raio em céu claro. Seu marido Francisco José da Silva perdeu o controle das faculdades mentais, ficou louco. Embrenhou-se na mata, ficou desaparecido e não se conseguiu encontrá-lo mais, senão dias depois, mas... já estava morto!

Só a fé seria capaz de fazê-la superar um golpe tão duro. Nessas tristes e dolorosas circunstâncias, decidiu chamar um sacerdote, porque agora estava convencida de que o demônio estava enfurecido contra ela e sua família. Na fazenda reinava um clima de medo tal que qualquer coisa se transformava em terror.

Dona Maria Cândida pediu a dois jovens corajosos que fossem buscar o sacerdote. Selaram três cavalos entre os melhores da fazenda e foram os dois direto para a cidade à procura do padre. Encontrando-o, contaram-lhe tudo que estava acontecendo. O sacerdote, depois de tê-los escutado e feito algumas observações, disse-lhes com incredulidade:

— E vocês pensam que seja um demônio?

– Não, padre, é o próprio Satanás em pessoa que está agindo para a nossa desgraça! Agora não deixa tranquilos nem os animais nem as pessoas! Seria bom que o senhor levasse tudo o que é necessário para celebrar uma santa Missa e para fazer orações para afugentar o maligno. Temos uma capela dedicada a Nossa Senhora Aparecida e a patroa possui os paramentos para a Missa. Basta que o senhor leve o vinho, as hóstias e o Missal, a água benta e o que mais achar necessário para nós. Partiremos rápido, porque a situação na fazenda está muito ruim!

O sacerdote entrou em sua casa e, poucos minutos depois, saiu trazendo uma maleta onde havia colocado um pequeno recipiente com as hóstias, uma garrafinha com vinho e outra com água, além de outra com água benta, bem como o Missal e o Ritual. Assim os três partiram a cavalo na direção da Fazenda Pitangueira.

Durante a viagem, de tempo em tempo, o sacerdote, ainda pouco convencido, perguntava-lhes:

– Caros rapazes, mas que história é essa? Acreditam mesmo que seja o diabo a fazer essa desordem na sua casa? Não estão enganados? Notaram se existe alguém que ande por aquelas bandas e faz crer que seja o diabo para espalhar o pânico?

– Ah, senhor vigário, parece que estamos brincando?! O senhor estudou e conhece as Sagradas Escrituras... É possível não crer na existência do demônio? Não é uma brincadeira, a questão é muito séria! – respondeu um dos jovens.

O sacerdote, a partir daquele momento, fechou-se no silêncio e não proferiu mais nenhuma palavra. Depois de um bom tempo que haviam chegado, não houve manifestação nenhuma, tanto que o sacerdote entrou na casa e, de modo muito jovial, conversou com alguns, brincou com outros e, depois de dizer enfaticamente algumas palavras, anunciou em tom solene que tinha vindo para celebrar a Missa e afugentar o demônio.

Todas as pessoas da fazenda estavam reunidas na capela. Foi preparado o altar, o paramento, as velas... O sacerdote, de sua parte, abriu a maleta para pegar o vinho, as hóstias, a água, o Missal... nada! A maleta estava vazia. No entanto, não se havia afastado dela, trazendo-a sempre consigo... ficou pálido. De modo convulsivo examinou e reexaminou a maleta, colocou-a de cabeça para baixo... nada! Desapontado, desceu os degraus do altar e, com os olhos baixos, disse que era impossível celebrar... Depois, branco como um pano desbotado, fechou a maleta e se despediu. Montado a cavalo, profundamente frustrado, foi direto para sua casa. Sentia-se aniquilado de vergonha.

Dona Maria Cândida de Gouveia e seus familiares, que não eram tolos, diante daquela cena assustadora, ficaram extremamente aflitos, beirando o desespero. A quem se poderia recorrer se o sacerdote nada tinha conseguido?

Como dona Maria Cândida era uma mulher de grande fé, colocou na cabeceira da cama as imagens de Jesus Crucificado, de Nossa Senhora Aparecida e de outros santos, aproximou-se dali e, chorando, rezou:

– Jesus, meu crucificado! Senhora, minha Aparecida, anjos e santos do alto dos céus, venham em meu socorro neste momento tão triste! Ajudem-me.

Enquanto rezava, veio-lhe à mente que alguém no passado havia lhe falado do pároco de Três Pontas como sendo um grande exorcista.

Acreditou que a sua oração fora atendida prontamente e, cheia de esperança, chamou os mesmos jovens e disse-lhes:

— Rapazes, devem ir a Três Pontas e procurar Padre Victor... me parece que se chama assim. Para que não tenham muito trabalho para encontrá-lo, basta que perguntem pelo padre negro. Entendo que é muito longe, vocês levarão ao menos três dias de viagem para chegar, mas é a nossa única esperança. Estou certa de que ele é o padre certo que nos libertará dessa maldição.

Enquanto a patroa estava dizendo estas palavras, ouviu-se um forte barulho vindo do telhado da casa e, distintamente, uma voz que dizia:

— Não, não, não! Não deve trazer aqui aquele padre negro! — todos escutaram, e nada mais foi dito, nem uma palavra.

Tão logo prepararam o necessário, os jovens saíram em viagem. Chegando a Três Pontas, procuraram por Padre Victor, o padre negro, sendo acompanhados até a casa paroquial, onde ele os acolheu com sua peculiar afabilidade. Contaram-lhe tudo o que estava acontecendo, inclusive o fracasso daquele sacerdote, concluindo:

— Quando a patroa decidiu mandar-nos procurar pelo senhor, escutamos a voz pronunciar palavras injuriosas a seu respeito.

– O que foi dito, o que foi dito? – perguntou Padre Victor, cheio de curiosidade. Os dois ficaram embaraçados, mas ele os encorajou: – Não se preocupem, digam, digam logo.

– Ele o chamou de negro feio! – disseram, vermelhos de vergonha.

Padre Victor explodiu em riso:

– Só isso? – e continuou a rir: – Este é só um dos adjetivos que esse indivíduo usa nos meus confrontos! Pensei que tivesse utilizado outros mais pitorescos! Não se preocupem. Irei com vocês e verão que com a ajuda do nosso Senhor Jesus Cristo tudo se resolverá para melhor.

Enquanto o vigário foi preparar o necessário para partir, os dois jovens começaram a comentar entre eles:

– Você viu? Pobre de nosso pároco! Ele não é capaz de expulsar o demônio! É sinal que não tem a mesma virtude deste padre, não é verdade?

Mas não contentes com as considerações feitas entre eles, um dos dois chegou a perguntar diretamente:

– Veja, senhor vigário, é verdade que aquele seu colega não pode expulsar os espíritos maus? Esse fracasso é sinal evidente de que é incapaz?

Padre Victor primeiro olhou-o nos olhos e depois respondeu:

– Não, filho meu, não julgue assim o acontecido, porque não é um problema de competição como numa disputa entre homens. Nenhum homem tem a força de competir com o maligno, a força vem só de Deus. Por isso não se deve pensar mal daquele pobrezinho. Eu tive diversos casos parecidos, eu sempre espantei o maligno, mas o mérito da vitória só foi obtido graças à bondade do Senhor; eu sou apenas um instrumento em suas mãos. De minha parte, rezo e faço penitência, o resto coloco tudo nas mãos de Deus. Lembrem-se, não devem nunca julgar mal os outros. O Senhor conhece tudo, mas lhes digo mais... na Sagrada Escritura, em particular no Evangelho de Mateus (17,15-20), os próprios discípulos, numa ocasião, não conseguiram expulsar o demônio, mas Jesus não os repreendeu, disse-lhes que aquele tipo de demônio só se poderia vencer com jejum e oração. Devemos rezar! Rezar muito! Isso sim.

Dona Maria Cândida, no entanto, cheia de grande entusiasmo, convidou os fazendeiros vizinhos com os seus parentes, as pessoas que conhecia, os escravos, em suma, um monte de gente, para o dia previsto para a chegada de Padre Victor; de modo que, para atendê-lo, havia muita gente, quase dando a impressão de se tratar de uma visita pastoral.

O vigário chegou e, como sempre, humilde e afável com todos, colocou-se imediatamente em ação. Começou com uma pequena pregação sobre o amor misericordioso que Deus tem para com os homens; sobre a inconstância humana; sobre o perigo contínuo do inimigo; sobre a potência e a garantia que o cristão tem, se estiver unido ao Senhor Jesus Cristo, e sobre o fenomenal efeito que existe na devoção a Maria Santíssima. E as pessoas escutaram com atenção aquelas palavras simples, mas eficazes.

Terminada a pregação, confessou a todos, depois celebrou a Missa com o costumeiro cuidado e intensidade espiritual. Depois, fez todos ficarem de joelhos e recitou as orações do exorcismo.

Tanto dona Maria Cândida quanto os outros membros de sua fazenda tiveram a sensação de terem sido aliviados de um peso, e que haviam retornado a tranquilidade e a paz.

Padre Victor, depois de ter falado amavelmente com aqueles que queriam aconselhar-se com ele, despediu-se dos donos da casa, recomendando a todos rezarem sempre, e depois retornou para Três Pontas.

Desde aquele dia a Fazenda Pitangueira nunca mais teve nenhuma manifestação da presença do maligno.

Notas bibliográficas

Este capítulo foi escrito com base na biografia escrita por mons. ASSIS (pp. 60-67), que disse ter sabido deste modo: "D.a Maria Candida de Gouveia, falecida em 1919, com mais de 80 anos de idade, era tia avó da D.a Aracy Gouveia que, na presença de seu marido Joaquim Passos Correa e seu filho Dr. Alcyoni José Magalhães Corrêa, narrou-me este fato, em sua casa, em Neves Paulista, a 10 de março de 1973". O texto de mons. ASSIS vem referido integralmente por mons.

LEFORT (pp. 60-66). Faz-se menção desse exorcismo na BD, 92, e é referido no PS, *Testemunhas*, 90.

Na versão escrita por mons. Assis apresentam-se duas datas para este acontecimento: no início se fala de 1879, enquanto no fim, de 1874. Infelizmente não existem elementos que possam fornecer maior probabilidade a uma destas duas datas. Deduzimos, todavia, que as duas exprimam o período de tempo no qual aconteceu o episódio. Somente por ajuste escolhemos a data de 1874 em nossa narração.

CAPÍTULO XIV

Em 30 de agosto de 1881, sem o conhecimento de Padre Victor, a Câmara Municipal de Três Pontas defendia junto ao presidente da Província de Minas Gerais, acompanhada de 207 assinaturas de cidadãos, a nomeação a cônego do próprio pároco "protótipo de virtude, leal servidor da Pátria e cidadão exímio por seu civismo".

Como se sabe, a burocracia não caminha pela mesma estrada das pessoas e em 1º de agosto de 1882 veio ao conhecimento de todos que o pedido não teve andamento porque "não foi instruída com os documentos exigidos pelo Aviso circular de 22 de março de 1860; não somente os documentos que comprovassem os serviços relevantes prestados à Igreja e ao Estado, faltavam ainda outras informações do Ordinário Diocesano, documentos necessários para os dois Foros", isto é, o civil e o eclesiástico.

Por um momento se desistiu, mas não se deram por vencidos. O motivo pelo qual não se continuou completando os documentos que faltavam para insistir no requerimento era a saúde de Padre Victor. Andava sempre piorando: não tinha mais vontade de cavalgar, às vezes se recolhia na roça para o apostolado sobre charretes ou carros de boi.

Foi no mês de agosto de 1884. Por um atestado escrito pelo dr. Manoel Joaquim Bernardes, veio a notícia de que Padre Victor sofria de uma "lesão cardíaca e hepatite", doenças estas que, ao parecer do médico, "exigiam um cuidado imediato e longo, coisa que não se podia fazer sem uma licença, dado que a sua Paróquia, grande e trabalhosa, não poderia ser acompanhada como é necessário; além disso, a pessoa é já de idade avançada e o estado de saúde requer repouso".

Naquela época Padre Victor possuía a bela idade de 68 anos. Porém, segundo previa uma regra específica da Lei do Padroado, a fim de se obter a permissão de uma licença por doença ou por terapia, era necessária a aprovação e a permissão imperial.

Começou assim um longo calvário burocrático. Primeiro de tudo, Padre Victor deveria solicitar um atestado em carta simples por parte do Foro Civil para poder dar início ao pedido; no caso específico, foi ao juiz de Direito Francisco Julio da Veiga, que lhe expediu o documento. Necessitava, em seguida, ter um atestado do presidente e do conselheiro da Câmara Municipal de Três Pontas sobre a continuidade de residência e sobre o cumprimento das obrigações inerentes ao seu cargo.

Em 6 de agosto a Câmara Municipal expediu esse atestado, que se constituiu também um testemunho sobre a pessoa e a obra do pároco: "A Câmara Municipal de Três Pontas atesta que Padre Victor é aqui residente sem interrupção desde 18 de junho de 1852; cumpriu otimamente as obrigações inerentes ao seu estado; que nunca deixou, neste espaço de tempo, de celebrar a missa na Paróquia, aos domingos e nos dias de festa; que teve diversos coadjutores às suas custas; que sempre teve um ótimo e irrepreensível comportamento civil e moral, e que é homem de uma caridade incomparável".

Além disso, deveria acompanhar o atestado do juiz outro atestado que, nas suas expressões, superasse qualquer previsão: "Atesto, com base em quanto me consta informações dignas de fé, que o Reverendo Requerente é residente nesta cidade desde 1852, tendo exercitado as funções paroquiais com o maior escrúpulo, tendo um comportamento moral e civil a tal ponto de ser idolatrado pelas pessoas; em sua pessoa se pode admirar um conjunto de virtudes e de qualidades que raramente se encontra, sobressaindo uma moralidade e um desinteresse tal que servem de exemplo aos melhores paroquianos; assim o afirmo e juro, se for necessário, na fé do meu grau e do meu cargo".

Também o juiz de paz Francisco Xavier Ferreira de Brito exprimiu o seu juízo, confirmando o excelente comportamento moral e civil do pároco.

Em 11 de agosto foi a vez do juiz municipal Francisco Carneiro Ribeiro da Luz escrever: "Sob juramento do meu cargo atesto que o Reverendíssimo Vigário Francisco de Paula Victor sempre residiu aqui desde quando tomou posse como pároco da paróquia, desenvolvendo suas obrigações inerentes ao ministério com satisfação geral e louvor de quantos o conhecem, compreendendo perfeitamente a sublimidade de sua missão; que o comportamento moral e civil do venerável ancião é digno somente de elogios, pela sua sinceridade e transparência nos costumes, desempenhando no seu posto o protótipo da mais alta virtude. Que é, na sociedade onde vive, o exemplo vivente da moralidade, e é digno de nota o fato de que para a instrução prestou os mais distintos serviços, revelando-se um apóstolo da educação infantil".

Mas as dificuldades não terminam aí. Os conselheiros deveriam certificar que não existia nenhuma pendência ou litígio nos compromissos do requerente.

Conseguida toda a documentação, somente um ano depois foi enviado o pedido com as alegações à Chancelaria imperial. De fato, em 4 de junho de 1886, Padre Victor endereça a súplica a dom Pedro II: "[...] impossibilitado de continuar no exercício do cargo pela doença adquirida em mais de trinta e quatro anos de serviço ao Estado, venho reverentemente suplicar de Vossa Imperial Majestade a graça de conceder-me a aposentadoria como pároco desta paróquia, ou licença por tempo ilimitado, segundo quanto previsto pela Lei. O Suplicante recorre a Vossa Majestade Imperial forçado pela enfermidade e pela necessidade".

Não obstante a Chancelaria houvesse salientado que os documentos alegados no pedido fossem "abundantes pela originalidade da forma", em particular os atestados dos juízes "contendo os mais altos elogios pelas virtudes do Suplicante, que se apresenta como exemplo para os melhores paroquianos, idolatrado por todos", todavia, foi concedida apenas uma licença para o tratamento.

Depois de 18 de junho de 1886, Padre Victor pôde recolher-se a Poços de Caldas, local onde se encontrava um centro de águas termais, aconselhado pelos médicos, pois ali poderia encontrar a força de aliviar as dores. Durante esse período procurou um modo de encontrar o imperador dom Pedro II, que, juntamente com a imperatriz dona Teresa Cristina, além dos numerosos ministros e senadores, em 22 de outubro dirigiu-se a Poços de Caldas para a inauguração do Ramal da Estrada de Ferro Mogiana (posteriormente denominada FEPASA).

Padre Victor permaneceu ali até o final de 1886. Quando, finalmente, retornou, a manifestação de estima da população de Três Pontas foi uma verdadeira e própria apoteose. Depois disso ele retomou o cuidado dos fiéis e a escola de latim e francês do Colégio Sagrada Família com a costumeira dedicação.

Por causa dos esforços a que fora submetido nos últimos anos, a saúde do imperador dom Pedro II piorou consideravelmente e seus médicos pessoais sugeriram que se recolhesse para a Europa para submeter-se a tratamento médico específico. Para a ocasião a filha, dona Isabel, foi declarada pelo Parlamento herdeira do trono e princesa imperial, título com o qual governou o império naquele que deveria ser o último biênio.

Na qualidade de plenos poderes, em 13 de maio de 1888 editou aquela que foi depois chamada a *Lei Áurea*, com a qual ficava abolida definitivamente a escravidão no Brasil. Dom Pedro recebeu a notícia através de um bilhete da filha, que lhe foi entregue quase dez dias depois. Encontrava-se recolhido em Milão, onde havia ficado entre a vida e a morte. Parece que com a voz débil chegou a comentar: "Grande povo! Grande povo!".

Padre Victor, de sua parte, tão logo teve a notícia da promulgação da Lei, deu ordens ao sacristão de tocar os sinos sem parar até que as pessoas tivessem enchido a igreja... aos rapazes e moças do Colégio que fossem para a igreja, com aqueles que faziam parte do coral, a fim de prepararem-se, enquanto aqueles que formavam a banda musical, deveriam posicionar-se diante da igreja e tocar até que tivesse começado o ofício.

Fez acender todas as velas e revestiu-se dos paramentos mais preciosos que a paróquia possuía.

A igreja de Nossa Senhora d'Ajuda ficou inacreditavelmente cheia.

Ele subiu ao altar e entoou o *Te Deum*, que veio acompanhado pelo coro e pelas pessoas. Terminado esse hino de agradecimento, Padre Victor voltou-se para os fiéis e com lágrimas nos olhos disse:

– Filhos meus, considerem o 13 de maio como uma jornada para recordação perpétua... foi um grande dia, maravilhoso! É o dia de pedir ao Senhor para que neste nosso grande País ninguém mais seja escravo. E nos lembraremos sempre em nossas orações da princesa imperial dona Isabel. Recordaremos dela sempre como a nossa redentora.

As lágrimas escorreram pelo pescoço e não conseguiu dizer mais nada. Todos participaram de sua comoção.

Terminado o ofício, deu ordem para que a banda fosse pelas ruas de Três Pontas como no dia da Sexta-Feira Santa, mas tocando todo o repertório alegre.

Em 28 de setembro de 1888, na capela do palácio imperial do Rio de Janeiro, o Núncio apostólico conferiu a dona Isabel, por ordem do papa Leão XIII, a Rosa de Ouro ao mérito. Dessa aclamação internacional e nacional não participaram, todavia, as grandes famílias de latifundiários que detinham o monopólio do café e de outras produções agrícolas. A riqueza deles era baseada no emprego dos escravos como mão de obra, de modo que consideravam a abolição um grave prejuízo aos seus interesses econômicos, mas sobretudo uma traição da monarquia aos interesses deles. Se bem que, para não escapar à aplicação da Lei, o governo estabeleceu que, quem se opusesse a ela, teria confiscado seus bens, e os proprietários de terras juntaram-se em bloco com o movimento republicano. Em 22 de agosto o imperador retornou e tratou de romper o *front*, concedendo a alguns grandes proprietários privilégios e títulos nobiliários, mas os resultados foram escassos.

Em 15 de novembro de 1889, com um golpe de Estado, foi proclamada a República. Dom Pedro II não se importou muito com isso, diz-se até que chegou a comentar:

– Se assim deve ser, que assim seja. Será a minha aposentadoria. Trabalhei muito e estou muito cansado. Agora vou descansar.

E em 17 de novembro, juntamente com sua família, partiu rumo ao exílio na França.

Notas bibliográficas

O documento da pesquisa e a respectiva resposta acham-se guardados no Arquivo Nacional no Rio de Janeiro, Divisão de Acesso à Informação, publicado em BD, 114.

A documentação relativa ao pedido de licença da paróquia por tempo indeterminado para tratar-se está guardada no Arquivo Nacional do Rio de Janeiro, Divisão de Acesso à Informação, e é mencionada pela BD, 122-129.

É do seguinte teor o certificado inicial: "Eu abaixo assignado, Manoel Joaquim Bernardes, Doutor em medicina, Attesto, sobre juramento de meo gráo, que o Rev.mo Padre Francisco de Paula Victor, Vigario da Freguezia de Tres Pontas, Provincia de Minas Geraes, está soffrendo de uma lezão cardiaca e hepatite; cuja affecção demandão um tratamento prompto e longo, o que não pode fazer sem licença, pois sendo sua Freguezia grande e trabalhoza não pode tratar-se como lhe é necessario; alem d'isso é ja de idade avançada e seu estado valetudenario preciza de descanso. O referido é verdade e por isso passo este sob juramento. Tres Pontas 12 de Agosto de 1885".

O certificado da Câmara Municipal tem o seguinte teor: "Ill.mo Sñr. Presidente mais Vereadores, Diz o P.e Francisco de Paula Victor, Vigario collado da Freguezia d'esta Cidade que á bem de seu direito necessita V. V. S.S. attestem ser o supp.e desde o dia 18 de Junho de 1852 em que tomou posse n'esta Freguezia, tem aqui residido sem interrupção de tempo; se tem cumprido com as obrigações inherentes à seu emprego; se durante esse periodo de tempo deixou um so Domingo ou dia Santo a Freguezia sem missa conventual; se tem tido diversos coadjutores á sua expensa; e, finalmente, qual tem sido o seu comportamento civil e moral. Para V. V. S. S. se dignarem attestar. A Camara Municipal da Cidade Três Pontas, provincia de Minas Gerais deferindo o que requer o Supp.e, attesta que elle tem aqui rezidido sem interrupção no espaço de tempo allegado; que tem cumprido optimamente com as obrigações inherentes à seu emprego; que nunca deixou, nesse espaço de tempo, de dizer missa Conventual nos domingos e dias Santos na Freguezia, que tem tido diversos coadjutores à sua expensa; que tem tido sempre optimo irreprehensivel procedimento civil e moral e é homem de uma caridade inaccedivel. Paço da Camara Municipal da Cidade de Tres Pontas aos 6 de Agosto de 1885.

O Prezidente da Camara D.ʳ *Manoel Joaquim Bernardes, Theophilo Ferreira de Brito, João Vinhas de Arantes, Joaquim Theophilo Bottrel, Benjamim da S. Campos, Azarias Ferr.ᵃ de Brito.*

Reconheço verdadeiras as firmas supra em numero de Sete por ter d'ellas pleno conhecimento do que dou fé, e assigno em publico e razo Três Pontas 11 de Agosto de 1885 Em tto da verd.ᵉ F (ilegível) o Segundo T.ᵃᵐ FPC *Francisco de Paula Cordovil*".

O atestado do juiz descreve: "Ill.ᵐᵒ Sñr. D.ʳ Juiz de Direito, Francisco Julio da Veiga. Diz o P.ᵉ Fran.ᶜᵒ de Paula Victor, Vigario collado e residente na Freguezia d'esta Cidade de Tres Pontas, que a bem de seu direito necessita que V. S. atteste se o supp.ᵉ desde o dia 18 de Junho de 1852, em que tomou posse n'esta Freguezia tem aqui residido, cumprido com as obrigações parochiaes, e, finalmente, qual tem sido o seu comportamento civil e moral // Para V. S. se dignar attestar // Deferindo a petição supra – attesto que, por constar-me de informações fidedignas, o Revdo. Peticionario tem residido n'esta cidade desde 1852, exercendo as funções parochiaes – com maior escrupulo no desempenho dos respectivos deveres – procedendo moral e civilmente de modo a tomar-se idolatrado pelo povo; que na sua pessoa admira um conjuncto de virtudes e qualidades, que raras vezes se encontra, sobresahindo uma moralidade e um desinteresse digno de servir de exemplo – aos melhores parochos – o que affirmo, e juro si necessário fôr, na fé de meu gráo e cargo. Tres Pontas 7 de Agosto de 1885 *O Juiz de Direito* Francisco Julio da Veiga. Reconheço verdadeira a letra e firma retro por ter d'ella pleno conhecimento do que dou fé e assigno em publico e razo Tres Pontas 11 de Agosto de 1885. F400 O 2.º T.a^m da verd.^{e} *Francisco de Paula Cordovil*".

Do Juiz Municipal: "Illmo Sñr. Dr Juiz Municipal. Diz o Padre Francisco de Paula Victor, Vigario collado e residente na Freguezia d'esta Cidade de Tres Pontas, que a bem de seu direito necessita V. S. atteste se o supp.^{e}, desde o dia 18 de Junho de 1852, em que tomou posse n'esta Freguezia, tem aqui residido, cumprido com as obrigações parochiaes, e, finalmente, qual tem sido seu comportamento civil e moral. Para V. S. se dignar attestar. Sob o juramento do meu cargo - attesto: Que o Rev.^{mo} Vigario Francisco de Paula Victor aqui sempre tem residido desde a data em que tomou posse de parocho da freguezia, desempenhando com satisfação geral e louvores de quantos o conhecem as obrigações inherentes ao seu ministério, comprehendendo perfeitamente a sublimidade de sua missão que ao comportamento civil e moral do venerável ancião só se pode tecer elogios, por sua sinceridade e costumes, sendo na sua classe o prototypo das mais acrysoladas virtudes. Que é na sociedade em que vive o exemplo vivo da moralidade; sendo para notar que à causa da instrucção tem prestado os mais assignalados serviços, tornando-se qual outro apostolo da educação da infancia. Cidade de Tres Pontas, 11 de Agosto de 1885. *O Juiz Municipal Francisco Carneiro Ribeiro da Luz*. Reconheço verdadeira a letra e firma retro e Supra por ter d'ella pleno conhecimento do que dou fé e assigno em publico e razo. Tres Pontas, 11 de

Agosto de 1885. F400 Em tto da verd^e. O 2º Ta.^{m} *Francisco de Paula Cordovil*".

O pedido ao imperador: "P. Dr. Jacy 4-6-86. N. 6-86. Senhor, O Padre Francisco de Paula Victor, Vigario da Freguesia da Cidade Trez Pontas, em Minas Geraes, impossibilitado de continuar no exercício de seu cargo, por molestia adquirida em serviços ao Estado, por mais de trinta e quatro annos; vem reverente supplicar a Vossa Majestade Imperial a Graça de conceder-lhe sua aposentadoria, como parocho d'essa Freguesia, ou licença por tempo illimitado na forma das Leis. O Supplicante, Imperial Senhor, recorre a Vossa Majestade Imperial coagido pela enfermidade e necessidade. E. R. M^{ce}. Rio 4 de junho de 1886 Com seis documentos".

A resposta imperial sobre a dispensa por doença: "D I 32 = 1 F.P.N. 12-6-86 N. 6-86 Rq^{te}. Licença sem prazo ou Aposentadoria pedida por Parocho. Dê Se Licença por tempo indeterminado Pp em 15-6-86 11-6-86 of^o.

O Padre Francisco de Paula Victor, Vigario da Freguezia da cidade de Trez Pontas, Prov.^{a} di Minas Geraes (Diocese de Marianna), pede ou aposentadoria ou licença por tempo illimitado, allegando achar-se impossibilitado de continuar a exercer o seu cargo em consequencia de moléstias adquiridas no serviço do Estado durante mais de trinta e quatro annos. Junta seis docum.^{tos}, alguns dos quaes notaveis pela originalidade da fórma. – Um dos docum.^{tos} são attestado de um medico, que declara estar O Supp.^{e} soffrendo de lesão cardiaca e hepatite, enfermid.^{es} que o inhibem de reger a sua freguezia; e acrescenta qué^{he}/id^e. adiantada. – Os outros são: folha corrida no fôro civil, e attestados do Juiz de Dir.^{to}, do Juiz Mun.^{al}, da Cam.^{a} Mun.^{al} e do Juiz de Paz:

estes quatro attestados tecem os mais altos louvôres às virtudes do Supp.ᵉ, que apresentam como exemplo aos melhores parochos idolatrado do povo.

O Supp.ᵉ tomou posse da sua parochia em 18 de Junho de 1852. Q.ᵗᵒ à licença nada direis. S. Ex.ª, apreciando os docum.ᵗᵒˢ, aliás m.ᵗᵒ honrosos, resolvera como entender conveniente. – Quanto a aposentadoria, como sabe S. Ex.ª, não ha lei que a autoriza; em alguns casos porém se tem concedida pensão equivalente à congrua e sujeita a approvação da Assembleia Geral com a clausula de renuncia do beneficio. Em oito de Junho de mil oitocentos e oitenta e seis. Visto *Balduino Coelho*".

Não encontramos documentos que comprovassem onde Padre Victor fez o tratamento, nem por quanto tempo. Do *Livro dos Batismos* constata-se que, em 1886, realizou apenas quatro batizados, podendo-se assim deduzir que permaneceu fora da paróquia o ano todo, e do biógrafo João de Abreu Salgado se apreende o lugar: "Foi uma verdadeira apoteose a manifestação de estima da população de Três Pontas [...] Por ocasião de seu retorno de Poços de Caldas, para onde foi, já velho, à procura de melhora para sua saúde, então bastante precária" (SALGADO, 31).

Sobre o último período do Império, sobre a figura de dom Pedro II e de dona Isabel, tomamos por base os escritos de LYRA H., *História de Dom Pedro II (1825-1891):* DECLÍNIO (1880-1891), vol. 3, Belo Horizonte, Itatiaia, 1977; BARMAN R. J., *Citizen Emperor: Pedro II and the making of Brazil 1825-91*, Stanford, University Press, 1999; IDEM, *Princess Isabel of Brazil: gender and power in the nineteenth century*, Washington, Scholarly Recources Inc., 2002.

CAPÍTULO XV

A Lei republicana de 1893, que reformou o ensino em Minas Gerais, equiparava as escolas oficiais do Estado às escolas normais fundadas nas cidades que preenchessem os requisitos exigidos. Assim, em Três Pontas os conselheiros municipais Aprígio Ferreira de Mesquita, Astolfo Ferreira de Brito e Cândido Prado tiveram a ideia de aproveitar-se do dispositivo legal em benefício da cidade, dada também a presença no Parlamento, como deputado, do dr. Josino de Paula Brito, genro do Barão de Boa Esperança.

De acordo com Padre Victor, reorganizaram o Colégio Sagrada Família para fazê-lo tornar-se escola normal, sendo assim equiparada àquelas escolas oficiais do Estado.

O dr. Josino havia sido aluno de Padre Victor e o tinha em tal veneração que, quando defendeu sua tese de medicina, em 17 de dezembro de 1883 no Rio de Janeiro, dedicou o seu trabalho "ao mestre e amigo vigário Francisco de Paula Victor".

O velho pároco estava feliz de ver que a sua fundação, benemérita naqueles anos, fez acrescer ainda mais o seu prestígio, paradoxalmente, ao fechar.

– O seu objetivo foi alcançado, e deve iniciar uma nova fase – comentou Padre Victor.

Essa transformação foi completada exatamente por aqueles alunos que se formaram anos antes, por isso não teve nenhuma hesitação em ceder gratuitamente o Colégio e colocar à disposição, sempre gratuitamente, todos os cômodos da casa paroquial como residência para os rapazes da escola que não tivessem condições de pagar uma mensalidade.

Em setembro de 1894, os paroquianos de Três Pontas tornaram a insistir com a autoridade eclesiástica diocesana, a fim de que se dignasse conferir a Padre Victor o título de cônego da Catedral de Mariana. Foi enviado um pedido especial de homens, com 344 assinaturas, entre as quais aparecia a do Barão de Boa Esperança e a do padre Joaquim Soares Calisto. Tratava-se dos chefes de família de todas as classes sociais, como também de um número considerável de representantes da cidade de Três Pontas.

A esse pedido foi agregado outro, o das senhoras, com 117 assinaturas.

Tal solicitação dos paroquianos veio acrescentar-se a todos os testemunhos oficiais e não oficiais que documentam quão grande foi o afeto e a estima em relação àquele "abnegado levita, extraordinariamente modesto, humildemente grande", considerando "digno de honrar com distinção o ilustre Capítulo da Diocese de Mariana".

Assim, com grande satisfação das pessoas que o queriam bem, Padre Victor tornou-se o "Cônego Victor".

No encerramento do Ano Acadêmico de 1895, o velho pároco voltou a Campanha pela última vez. A ocasião era para ele especial: Ana Rosa, aquela criança encontrada anos antes e que havia adotado, deveria apresentar a tese de láurea na Escola Normal... um dia de grande e especial satisfação, porque viu transformar-se em realidade aquele ideal de resgate social, através da cultura, em uma pessoa que desde o nascimento fora abandonada.

A sua saúde, infelizmente, estava piorando: algumas outras pequenas complicações cardíacas frequentemente vinham acrescentar-se a dores renais e artrites. E ele, sorrindo resignado, dizia:

– O Senhor me quer bem e me visita com alguma dorzinha adicional.

Não conseguia ficar na cama, exceto quando as dores o impediam de andar sozinho alguns passos.

Em 1º de fevereiro de 1901, Padre Victor teve um AVC, isto é, uma hemorragia cerebral com paralisia da parte direita do corpo, que o impedia de escrever. Não obstante essa deficiência, porém, não sabia dizer não aos paroquianos que queriam absolutamente que os seus filhos fossem batizados e casados por ele; ainda mais que muitas pessoas andavam a dizer-lhe:

– O nosso defunto nos recomendou que o seu funeral fosse celebrado pelo senhor, padrinho.

Por isso ele celebrava o rito, depois os atos eram escritos pelo coadjutor, usando a fórmula "da parte do Cônego Victor, P. José Maria Rabello".

Quando, sobretudo os camponeses, vinham pedir-lhe que fizesse algum exorcismo, ele costumava responder:

– Andem, rezem, rezem... também eu o farei por aqui, e verão que quem lhes quer mal se distanciará.

207

Uma vez, porém, uma senhora lhe pediu:

— Padrinho, quando não puder vir pessoalmente, dê-me ao menos o seu chapéu!

Ele, sorrindo, entregou-lhe, pois a pessoa não ia embora se ele não lhe desse ao menos o chapéu para levar ao lugar dominado pela presença do maligno.

Na semana antes de sua morte, porém, deveria dirigir-se até a Fazenda de Mutuca, de propriedade da família Figueiredo, para o casamento da filha Luiza Maria das Dores.

Até o fim Padre Victor procurou esquivar-se, brincando com sua inabilidade:

— Filhos meus, sou honrado pelo afeto de vocês nos meus compromissos, mas tenho me transformado num pedaço de madeira dolorido... como faço para ir até a fazenda?

— Faremos de algum modo... encontraremos uma solução que lhe seja de menor incômodo possível — ouvia como resposta.

— Mas não quero que percam tanto tempo com um pobre velho como eu... padre José Maria pode casá-los. Depois, quando vierem a Três Pontas, posso abençoá-los...

Ao fim de insistências e recusas, acabou consentindo. Assim, foi preparado um carro de boi, coberto, onde foi colocado um colchão no interior para que, ali acomodado, Padre Victor pudesse viajar.

Em 20 de setembro de 1905 celebrou o último funeral, registrado com o n. 113 no Livro de Óbitos da Paróquia... três dias depois, com o n. 114 foi registrado o seu.

Padre Victor havia advertido que se aproximava o seu chamado e disse:

— Aconteça tudo por amor de Deus.

Recebeu os sacramentos do padre José Maria Rabelo, seu coadjutor, que foi ajudá-lo nos últimos anos de sua vida, tendo adormecido placidamente na esperança da ressurreição.

Morreu por "estupor" (acidente vascular cerebral – AVC) às quatro da manhã de 23 de setembro de 1905, com a idade de 78 anos, 5 meses e 10 dias, depois de ter exercido por 53 anos o seu ministério sacerdotal em Três Pontas.

Curiano, o encarregado de anunciar oficialmente as notícias importantes, cavalgou pelas fazendas e roças para avisar as pessoas. A afluência foi tal que o corpo ficou exposto por três dias. Permaneceu na recordação o perfume que exalava. Os sacerdotes das paróquias vizinhas compareceram todos para o funeral, que foi celebrado às quatro da tarde do terceiro dia.

O número de participantes era tal que foi necessário fazer um longo percurso pelas estradas até chegar à igreja de Nossa Senhora d'Ajuda. A banda tocou por toda a tarde com os instrumentos revestidos com uma faixa preta, em forma de luto.

A procissão com o féretro deu a volta na praça, depois voltou para a igreja, onde foi sepultado à esquerda, vizinho à porta principal.

Em 22 de novembro de 1905, em Campanha, foi entregue uma carta da Cúria romana a Monsenhor João de Almeida Ferrão, comunicando que Sua Santidade o papa Pio X havia nomeado Padre Victor *Camareiro de honra*.

O Núncio havia comunicado a Roma a morte de Padre Victor e a Cúria não enviou mais a nomeação.

Como se havia chegado a esse honroso cargo?

Em 4 de agosto de 1900, foi criada a Diocese de Pouso Alegre, com o território que havia feito parte da Diocese de Mariana. Como primeiro bispo da nova Diocese, foi nomeado dom João Batista Corrêa Nery, vindo do estado do Espírito Santo, que escolheu como vigário-geral padre João de Almeida Ferrão.

Padre João era nascido em Campanha e fora aluno de Padre Victor em Três Pontas. Foi ele quem mandou ao Vaticano, em nome do bispo de Pouso Alegre, a "Súplica" pela nomeação de seu antigo concidadão e mestre a *Camareiro de honra*.

Novamente um atestado de estima e de veneração de quem tivera a sorte de conhecê-lo, mas dessa vez o interessado já havia recebido um título de honra muito, muito mais prestigioso, diretamente das mãos de seu Senhor.

Em 1962, quando a igreja de Nossa Senhora d'Ajuda, construída por Padre Victor, foi completamente modificada para assumir o aspecto atual, o seu corpo foi exumado para ser colocado em uma capela.

Em 12 de junho de 1998, foi realizada a segunda exumação por ocasião da abertura do Processo complementar de

Canonização. Foi feito o reconhecimento e o tratamento dos ossos, e em 28 de junho daquele ano os seus restos mortais foram colocados na Capela, onde se encontram até hoje.

Notas bibliográficas

O quanto narrado neste capítulo foi extraído da BD, 89, 106-107, 115-117, 119-122, 132-133; PS, *Testemunhos*, 12-18, 22, 36, 40, 42, 48, 69, 75, 82, 89, 96-100, 106, 136; LEFORT, 34-39.

Sobre a transformação do Colégio, cf. SALGADO, 20-21. Josino de Paula Brito, nascido em 5 de março de 1855, casou-se com Alzira Ferreira de Brito, filha do Barão de Boa Esperança. Em Três Pontas foi clínico, político importante, presidente da Câmara na primeira legislatura republicana, fundador e diretor da primeira Escola Normal da região (a Escola Normal Municipal). Propagandista republicano, deputado estadual, Constituinte Mineiro (1891) e senador (MIRANDA, 192).

Os textos completos dos pedidos a dom Silvério Gomes Pimenta pela nomeação de Padre Victor a Cônego da Catedral de Mariana são os seguintes:

a) a súplica dos homens: "Ex.ᵐᵒ Rev.ᵐᵒ Senhor Dom Silvério Gomes Pimenta. DD. Bispo de Camaco e vigario--geral da Diocese de Marianna.

Rev.ᵐᵒ Ex.ᵐᵒ Senhor, Os signatários infra parochianos de probidosíssimo e virtuoso Vigário Francisco Paula Victor, respeitosos vêm à presença de V. Ex.ª Rev.ᵐᵃ para o fim que abaixo se expande.

Ex.ᵐᵒ e Rev.ᵐᵒ Senhor, a virtude, a caridade, a probidade e a pureza de sentimentos são indubitavelmente predicados raros e inestimáveis que fazem o homem alcandorar-se sempre, e cada vez mais, no conceito social; são elementos básicos em que se assenta o edifício moral da sociedade; são finalmente, e selo-ão para todo o sempre, títulos honrosos que recomendam o homem/indivíduo ao respeito e à veneração de seus concidadãos. Nestas condições os abaixo assignados julgam achar-se o venerando Vigário Francisco de Paula Victor, já pelo seu altruísmo proverbial e pouco vulgar desprendimento, já, e sobretudo, por suas virtudes muitas vezes provadas e exemplar dedicação em seu ministério.

Assim, pois, entendem os subscritos abaixo ser de inalienável dever cívico e de iniludível justiça o apresentarem à sabia e reta consideração de V. Ex.ª Rev.ᵐᵃ o nome deste abnegado levita – extraordinariamente modesto, humildemente grande –, como imenso digno de honrar com distincção o lllustre Cabido da Diocese de Marianna, em boa hora entregue a criteriosa direcção de V. Exc. Rev.ᵐᵃ.

Ex.ᵐᵒ e Rev.ᵐᵒ Senhor, o venerando Vigário Francisco de Paula Victor, personificação viva de singular triologia, virtude, humildade e modestia, merece, mais que qualquer outro, as honras de um canonicato; elle, por muitos considerandos, sobejamente, merecidamente tem jus a esta distinção.

Sim, Ex.ᵐᵒ Rev.ᵐᵒ Senhor: serviços inolvidáveis à grande causa da instrucção, a sociedade, sobretudo e principalmente, a religião do Christo e a parochia de Tres Pontas, elle o nosso Pastor a quarenta e dois annos, o sacerdote de uma estatura moral que se impõe; elle, o benemerito da instrução, o apostolo do bem, tem-nos muitos – mas m-uitos, que são do domínio público, e que se estendem a não poucos pontos de nosso estado de Minas.

Os abaixo assignados, pois attentos estes ponderosos porques, confiantes na illustração, autocriterio e provada justiça de V. Exc. Rev.ᵐᵃ, instantemente pedem e animadamente esperam seja nomeado Cônego da Sé de Marianna o grande Vigário de Três Pontas, Francisco de Paula Victor.

De V. Exc. Rev.ᵐᵃ Respeitosos diocesanos e humildes servos: Seguem trezentas e quarenta e quatro (344) assinaturas".

b) A súplica das Senhoras: "Ex.ᵐᵒ e Rm.º Snr. Bispos de Camaco, Si as distincções honorificas cabem àqueles que, pelos justos titulos de benemerencia, ellas se fazem dignas, há de V. Ex.ᶜⁱᵃ Rm.ª permittir-nos que exerçamos o nosso direito de petição, solicitando o Canonicato da Sé de Marianna para o nosso R.ᵐᵒ Vigário Francisco de Paula Victor, o sacerdote modelo, que durante quasi meio seculo de serviços de todo o genero prestados a causa da humanidade, e, conseguintem.ᵉ à religião, tem conseguido immortalizar seu nome respeitavel e abençoado por quantos o conhecem.

Assim esperamos que V. Ex.cia mais ainda de que nós, conhecedor da justiça do nosso pedido, não deixará de attender-nos. Tres Pontas 7 de setembro de 1894. Seguem cento e dezessete (117) assinaturas do sexo feminino".

Não foi encontrado documento algum que comprove a nomeação de Padre Victor a Cônego do Capítulo da Catedral de Mariana. Tem-se apenas testemunhas indiretas, como, por exemplo, no livro *Breves notícias do Seminário de Mariana*, o cônego Raymundo Trindade (p. 240), onde, tratando de "alguns alunos distintos do velho seminário", entre os "Eclesiásticos", assinala o "Cônego Francisco de Paula Victor, o lendário Padre Victor de Três Pontas".

Dom Silvério Gomes Pimenta, filho de Antônio Alves Pimenta e Porcina Maria Gomes de Araújo, nascido em Congonhas do Campo (Ouro Preto, MG) em 12 de janeiro de 1840. Entrou no Seminário de Mariana em setembro de 1855, foi ordenado sacerdote em 20 de julho de 1862 por dom Viçoso. Em 20 de julho de 1890 foi nomeado bispo titular de Camaco e auxiliar de dom Antônio Maria Corrêa de Sá e Benevides (1877-1896), que sucedeu a dom Viçoso. Em 3 de dezembro de 1896 foi nomeado bispo de Mariana, assumindo o cargo em 9 de maio de 1897. Arcebispo de Mariana em 1906, recebe o "Pallium" em 6 de agosto de 1907. Foi o primeiro e mais importante biógrafo de dom Viçoso, de quem era discípulo. Em 28 de maio de 1920 recebeu a investidura como membro da Academia de Letras. Morreu em 30 de agosto de 1922, em Mariana (TRINDADE, *Arquidiocese de Mariana*, 3, cap. IV, § 1).

Sobre a láurea de Ana Rosa, v. artigo de J. G. Moraes Filho na *Voz Diocesana* n. 556, de 10 e de 20 de novembro de 1965 – Arquivo da Cúria Diocesana de Campanha; BD, 119.

Sobre a tradição de receber o seu barrete para os exorcismos, v. PS, *Testemunhos*, 36.

Examinando o *Livro dos Batizados* n. 6 da paróquia de Três Pontas, do período compreendido entre 1901 e 1912, encontra-se a assinatura original de Padre Victor até a 1º de fevereiro de 1901, enquanto a partir daquela data até 18 de setembro de 1905, ressalta-se que ele ministrava ainda o sacramento, mas os atos estão assinados com a fórmula "do Cônego Victor, Padre José Maria Rabello" (v. BD, 120).

Sobre o último casamento celebrado uma semana antes de sua morte, v. ASSIS, 86; enquanto para o último funeral se vê no *Livro dos Atos de morte* (1903-1914) da paróquia "Nossa Senhora d'Ajuda" de Três Pontas, folha 37v, sob o n. 113, enquanto o n. 114 é o registro de sua morte: "Aos vinte e trez de Setembro de mil novecentos e cinco foi feito o assento do obito do Exmo Monsenhor Cônego Francisco de Paula Victor Dignissimo Vigario n'esta freguezia a cincoenta e quatro annos; com a idade de setenta e oito annos, e cinco mezes, Brasileiro, filho de Florenciana (sic) de Paula natural da Campanha. Falleceu hoje as quatro horas da manhã no Largo da Matriz d'esta Cidade. Vigario *José Maria Rabello*".

No *Registro Civil* de Três Pontas, *Livro dos Óbitos* "3-C", fls. 39, sob o n. 90 lê-se: "Aos vinte e três dias do mes de Setembro de mil novecentos e cinco, nesta Cidade de Tres Pontas, Estado de Minas, em meu cartorio compareceu Antônio José Rabello e Campos, e declarou: = Que hoje as tres horas da manhã, no Largo da Matriz desta Cidade falleceu de estupor, o Conego Francisco de Paula Victor, Vigario desta parochia, Brasileiro, natural da Campanha neste Estado, solteiro, filiação desconhecida, idade de setenta e oito annos.

Não me foi apresentado attestado médico e vae ser sepultado em a Igreja Matriz desta Cidade. Do que para constar lavrei este termo que assigno com o declarante. Eu *João Baptista Pereira Rosa*, escrivão de Paz o escrevi. *Antônio José Rabello e Campos*".

Sobre a nomeação de *Camareiro de honra*, leem-se duas cartas de 22 e 28 de novembro de 1905 endereçadas a mons. João de Almeida Ferrão, no Arquivo diocesano de Campanha, constantes da BD, 116-117.

João de Almeida Ferrão, nascido em Campanha a 30 de julho de 1853, foi, como vimos, o primeiro bispo da Diocese. Fez os seus estudos em Campanha, em Três Pontas, no Colégio Sagrada Família, fundado por Padre Francisco de Paula Victor, em Mariana e em Caraça. Foi ordenado presbítero em 25 de junho de 1875, por dom João Antônio dos Santos, bispo de Diamantina. Foi capelão da Igreja das Dores, administrador e diretor do Ginásio São Luiz Gonzaga (Campanha), pároco de Paço Fundo, professor de Teologia Dogmática do Seminário de São Paulo, pároco de Paraguaçu, professor de francês no Ginásio de Três Pontas, pároco de Varginha, professor de Direito Canônico e de Moral no Seminário de Pouso Alegre, prelado doméstico de Sua Santidade o Papa Leão XIII, conselheiro diocesano, protonotário apostólico de Pio X, cônego catedrático e arcipreste do Capítulo de Pouso Alegre e vigário-geral de Pouso Alegre. Foi feito bispo diocesano de Campanha em 27 de abril de 1909 e consagrado bispo por Sua Eminência dom Joaquim Arcoverde de Albuquerque Cavalcanti, cardeal do Rio de Janeiro, em 12 de setembro de 1909. O lema de seu brasão episcopal era *Dominus Fortitudo Nostra* – "O Senhor é a nossa Força". Assumindo a Diocese, imediatamente fundou o Seminário N. S. das Dores, o Ginásio Diocesano São José, organizou as paróquias da Diocese, as suas escolas e colégios, as suas Associações Religiosas. Prestou bons serviços a dom Epaminondas, no bispado de Taubaté-SP, efetuando muitas ordenações religiosas e diocesanas. Morreu aos 83 anos, em Campanha, na noite de Natal de 1935. Era também conde da Santa Sé e assistente ao Trono Pontifício (LEFORT, mons. JOSÉ DO PATROCÍNIO, *A Diocese de Campanha*, Imprensa Oficial de Minas Gerais, 1993).

HISTÓRIA DA CAUSA DE BEATIFICAÇÃO

A devoção que desde o seu nascimento no céu usufruiu e continua a usufruir Padre Francisco de Paula Victor fez com que alguns fiéis solicitassem ao bispo de Campanha, dom Aloísio Roque Oppermann (1991-1996), a instituição da Pesquisa Diocesana "sobre vida, virtudes e fama de santidade", celebrada em 30 de maio de 1994 a 31 de maio de 1995. Nessa ocasião foram ouvidas 7 testemunhas (3 sacerdotes e 4 leigos), todos nascidos em Três Pontas ou que tenham residido por um período significativo. A primeira parte dos testemunhos (ocular e por ouvir dizer) é de Francisca Aurora de Freitas Siqueira, nascida em Três Pontas, em 21 de dezembro de 1898; portanto, conheceu Padre Victor (morto quando ela tinha 7 anos). As outras são testemunhas auriculares (*de auditu*), isto é, que não chegaram a conhecê-lo, mas ouviram falar através das pessoas que o conheceram e a respeito do que ele fez com elas.

O Postulador da Causa, frei Paolo Lombardo, nomeado a 27 de fevereiro de 1998, fez ver ao novo bispo, dom Diamantino Prata de Carvalho (1998-), que era, todavia, necessária uma Pesquisa Supletiva. Esta ocorreu de 12 de junho a 5 de agosto de 1998, no curso da qual foram inquiridas 16 testemunhas (4 sacerdotes, 8 leigos, 1 religioso e 3 religiosas do Carmelo), todos auriculares (*de auditu*).

Ao fim da Pesquisa Supletiva foi apresentado também o trabalho da Comissão Histórica, presidida pela Dra. Maria Rogéria de Mesquita.

A Comissão Histórica pesquisou os numerosos arquivos, não somente no que se referia à pessoa do Servo de Deus, mas também quanto pudesse servir para ilustrar o contexto ambiental do período no qual viveu. Da *Relação*, relacionada pela Comissão, tem-se um panorama bem documentado da "Situação histórica, política, social e religiosa" do Brasil nos anos em que viveu Padre Victor, com informações interessantes e integrativas sobre a Diocese de Mariana (Minas Gerais), da qual dependia Campanha e Três Pontas. A Postulação fez conduzir também uma pesquisa específica sobre os biógrafos de Padre Victor (Mons. Lefort, Mons. Assis, Prof. Salgado) e sobre as obras deles, para melhor aperfeiçoar a validade das fontes.

Obtida a validade do Processo perante a Congregação das Causas dos Santos, em 22 de janeiro de 1999 foi nomeado Relator da Causa mons. José Luis Gutiérrez, sendo elaborado sob sua direção o Processo sobre a vida, virtude e fama de santidade (*Positio super vita, virtutibus et fama sanctitatis*), editada em Roma, no ano de 2000, que serve primeiro à Comissão dos Consultores Históricos e, depois, aos Consultores Teólogos, para apurar se Padre Victor viveu de modo exemplar, exercitando de modo heroico as virtudes, de tal modo a ser proposta a sua veneração oficial pela Igreja.

Em 13 de maio de 2011, os teólogos da Causa dos Santos, em Roma, analisaram a vida e as virtudes de Padre Victor e, após parecer favorável em 10 de maio de 2012, o Santo Padre Papa Bento XVI o declarou Venerável. Em 14 de novembro de 2015, foi declarado bem-aventurado. O processo continua. Que Padre Victor possa, em breve, ser elevado à honra dos altares.

BIBLIOGRAFIA

AZEVEDO, FRANCISCA NOGUEIRA DE, *Carlota Joaquina na Corte do Brasil*. Rio de Janeiro: Civilização Brasileira, 2003.

AZZI, RIOLANDO. O movimento brasileiro de Reforma Católica durante o século XIX. *Revista Eclesiástica Brasileira* 34 (1974), 646-662.

BARMAN, R. J. *Citizen Emperor: Pedro II and the making of Brazil 1825-91*. Stanford, University Press, 1999.

_____. *Princess Isabel of Brazil*; gender and power in the nineteenth century. Washington: Scholarly Recources Inc., 2002.

CALADO, MARIANO. *D. António Ferreira Viçoso, Bispo de Mariana*. Gráfica Ideal de Cacilhas (Portugal), 1987.

CALDER MILLER, J. *Slavery and slaving in world history*. A bibliography, vol. I 1900-1991, Kraus International Publications, 1999.

CAMARGO = CAMARGO PAULO FLORÊNCIO DA SILVEIRA. *Historia Eclesiástica do Brasil*. Petrópolis: Vozes, 1955. pp. 308-309.

CAMELLO, Maurílio. *Dom Antônio Ferreira Viçoso e a reforma do clero em Minas Gerais, no século XIX*. São Paulo: Universidade de São Paulo, 1986.

CARVALHO, Vidigal de. Aspectos da evangelização em Minas Gerais no século XIX. *Temas de História da Igreja no Brasil.* Viçosa: Ed. Folha de Viçosa, 1994.

CASSOTTI, Marsilio. *Carlota Joaquina*; o pecado espanhol. Lisboa: A Esfera dos Livros, 2009.

DELL'AIRA, A. O santo negro e o rosário; devoção e representação. In: *Il santo patrono e la città.* San Benedetto il Moro: culti, devozioni, strategie di età moderna. Venezia: Marsilio, 2000. pp. 164-182.

_____. A nave da Rainha e do Santo escravo do Mediterrâneo ao Brasil. In: *L'esclavage en Méditerranée*, Centre de la Méditerranée Moderne et Contemporaine, Université de Sophia Antipolis, in: *Cahiers de la Méditerranée.* L'Esclavage en Méditerranée à l'Époque Moderne 65 (2002), pp. 329-339.

DELL'AIRA, A. St. Benedict from San Fratello (Messina, Sicily): An Afrosicilian Hagionym on Three Continents. In: *Names in Multi-Lingual, Multi-Cultural and Multi-Ethnic Contact.* Toronto: York University, 2008. pp. 284-297.

EQUIPE DE RELIGIOSOS NEGROS. *Vocação ao som dos atabaques*; cartilha para ajudar as Congregações religiosas no serviço de animação vocacional popular. Petrópolis: Vozes, 1993.

FERREIRA = FERREIRA REZENDE, Francisco de Paula. *Minhas recordações.* Introdução de Cássio Barbosa Rezende (Coleção Documentos Brasileiros, dir. de Octavio Tarquino de Sousa, 45), Rio de Janeiro: Livraria José Olympio Editora, 1944 (2. ed. Rio de Janeiro 1987).

FRAGOSO, Hugo. *Também sou teu povo, Senhor*: Jubileu 2000 – 500 anos Evangelizando o Brasil. Paulo Afonso: CNBB, Regional NE 3, 2000.

GARCIA DE OLIVEIRA, L.; PORCARO, R.; ARAUJO, T. *O lugar do negro na força de trabalho*. Rio de Janeiro 1985.

GARDEL, Luis D. *Les Armoiries Ecclésiastiques du Brésil (1551-1962)*. Rio de Janeiro, 1963.

GENESTAL, R. *Histoire de la légitimation des enfants naturels en droit canonique*. Paris, 1905.

GUASTELLA, S. *Santo Antonio de Categerò*. Alba: Edizioni Paoline, 2008.

HISTÓRIA DA IGREJA no Brasil. Primeira Época, Petrópolis: Vozes, 1977. tomo 2.

IRACI, B. *Bibliografia sobre São Benedito, o Negro*; obras editadas, inéditas e manuscritas sobre São Benedito, o Negro de Santo Irmão. Melegnano (MI): Montedit, 2009.

LEFEBVRE-TEILLARD, A. Causa natalium ad forum ecclesiasticum spectat: un pouvoir redoutable et redouté. *Cahiers de Recherches Médiévales et Humanistes* 7(2000). (http://crm.revues.org//index883.html).

LEFORT, Mons. José do Patrocínio. *Cidade da Campanha*; monografia histórica. Belo Horizonte, MG: Imprensa Oficial, 1972.

_____. *A Diocese da Campanha*. Belo Horizonte, MG: Imprensa Oficial, 1993.

LYRA, H. *História de Dom Pedro II (1825–1891)*/ Declínio (1880-1891). Belo Horizonte: Itatiaia, 1977. v. 3.

MARIANEN. *Beatificationis et Canonizationis Servi Dei Antonii Ferreira Viçoso, Episcopi Marianensis, e Congregatione Missionis* (1787-1875), *Positio super vita, virtutibus et fama sanctitatis,* Romae, 2001.

MARINHO DE AZEVEDO, C. *Onda negra, medo branco*; o negro no imaginário das elites, século XIX. Rio de Janeiro, 1987.

MATUS, Henrique Cristiano José. *Caminhando pela História da Igreja,* I-III. Belo Horizonte: Editora O Lutador, 1996.

MELO, Amarildo José de. *A influência do jansenismo na formação do ethos católico mineiro*; uma reflexão a partir da ação pastoral de Dom Antônio Ferreira Viçoso. Belo Horizonte: Centro de Estudos Superiores da Companhia de Jesus, 2000. (Dissertação de Mestrado).

MIRANDA = MIRANDA de, Amélio Garcia. *A história de Três Pontas.* Belo Horizonte: Editora JC, 1980.

MOURA, Cl. *Dicionário da Escravidão Negra no Brasil.* São Paulo: Edusp, 2004.

PEREIRA, Sara Marques. *D. Carlota Joaquina Rainha de Portugal.* Lisboa: Livros Horizonte, 2008.

PIMENTA = PIMENTA, Silvério Gomes. *Vida de D. Antônio Ferreira Viçoso, bispo de Mariana e conde da Conceição.* Mariana: Tipografia Arquiepiscopal, 1920[3].

PS = *Campanien*. In *Brasilia beatificationis et canonizationis servi Dei Francisci de Paula Victor, sacerdotis diocesani (1827-1905), Positio super vita, virtutibus et fama sanctitatis*. Roma 2000.

ROCHA, Manoel Ribeiro. *O etíope resgatado, empenhado, sustentado, corrigido, instruído, libertado*; discurso teológico-jurídico sobre a libertação dos escravos no Brasil (1758), org. por PAULO SUESS, Petrópolis: Vozes; São Paulo: CEHILA, 1992.

SILVA NETO, Belchior J. da. *Dom Viçoso, Apóstolo de Minas*. Belo Horizonte: Imprensa Oficial do Estado de Minas Gerais, 1965.

TRINDADE, *Seminários* = TRINDADE, Raymundo. *Arquidiocese de Mariana*; subsídios para a sua história, 1-3, São Paulo, 1928-1929 (Imprensa Oficial, Belo Horizonte 1953²).

_____. *Breve notícia dos Seminários de Mariana*, Mariana, 1951.

VEIGA = VEIGA, Eugénio de Andrade. *Os párocos no Brasil no Período Colonial (1500-1822)*. Cidade do Salvador, 1977.

VIDE, Sebastião Monteiro. *Constituições Primeiras do Arcebispado da Bahia* (impressas em Lisboa no ano de 1719, e em Coimbra em 1720). São Paulo, Tipogr. 2 de dezembro, 1853.

BIOGRAFIAS

ASSIS = ASSIS, Mons. Victor Rodrigues. *Vida e vitórias de Monsenhor Francisco de Paula Victor*. São José do Rio Preto: Tipografia Giovinazzo, 1973.

BD = *Biografia documentada*, in PS, 3-203.

LEFORT = LEFORT, Mons. José do Patrocínio. *Padre Victor, o Campanhense Trespontano*. Diocese de Campanha, 1995[3].

SALGADO = DE ABREU SALGADO, PROF. JOÃO. *Magnus Sacerdos, Cônego Francisco de Paula Victor. Preito à Sua Egrégia Memória* (Campanha) 1968[2].

CRONOLOGIA

1791, 23 de setembro – Nascimento de Liberato José Tibúrcio, futuro marido de dona Marianna Bárbara Ferreira

1795, 30 de dezembro – Nascimento de dona Marianna

1796, 6 de janeiro – Batismo de dona Marianna

1808 – O rei de Portugal, João VI, se estabelece no Rio de Janeiro para fugir da invasão napoleônica

1811 – Casamento de dona Marianna

1812 – Nasce Antônio José Tibúrcio, filho de dona Marianna

1821 – O príncipe Pedro é nomeado regente diante do retorno de dom João VI a Portugal

1822, 7 de setembro – Dom Pedro I, imperador do Brasil

1824 – Primeira Constituição Brasileira, promulgada por Dom Pedro I

1827, 12 de abril – Nascimento de Francisco de Paula Victor na Vila da Campanha da Princesa, filho natural da escrava negra Lourença Maria de Jesus

1827, 20 de abril – Batismo de Victor pelo padre Manoel Antônio Teixeira, tendo como padrinho Felicianno Antônio de Castro (representado pelo próprio irmão José Antônio) e como madrinha Marianna Bárbara Ferreira

1831 – Nascimento do irmão Emígdeo

1831 – Dom Pedro I retorna a Portugal pela morte do pai e deixa como regente Dom Pedro II

1840 – Dom Pedro II é coroado imperador do Brasil. Dona Marianna fica viúva aos 44 anos

1844, 16 de junho – Dom Antônio Ferreira Viçoso, Superior da Congregação da Missão (Padres Lazaristas), toma posse da Diocese como bispo de Mariana

1844 – Visita pastoral de dom Viçoso a Campanha (?)

1847 – O Brasil, de monarquia absoluta, torna-se monarquia parlamentar

1849, 5 de março – Ingresso de Victor no seminário de Mariana

1850, 20 de fevereiro – Victor recebe as Ordens menores

1850, 23 de fevereiro – Victor recebe o Subdiaconato

1850, 4 de setembro – *Lei Eusébio de Queirós,* Dom Pedro II proíbe o tráfico de escravos da África

1851, 13 de março – Victor é ordenado diácono

1851, 10 de junho – Victor submete-se ao exame de teologia moral

1851, 14 de junho – Victor recebe a ordenação sacerdotal

1851, 27 de julho – Padre Victor deixa o seminário de Mariana

1851, 16 de agosto – Padre Victor volta para Campanha

1852, 1º abril – Falecimento do vigário da paróquia de Três Pontas, dom Bonifácio Barbosa Martins

1852, 24 de maio – Dom Viçoso endereça ao coronel Antônio José Rabello e Campos de Três Pontas uma carta para preparar a vinda de Padre Victor

1852, 18 de junho – Padre Victor chega a Três Pontas com o encargo de pároco encarregado (*encomendado*), provocando desconcerto e reserva entre a população

1861, 5 de fevereiro – Dom Viçoso escreve novamente a Antônio José Rabello e Campos para que convença Padre Victor a participar do concurso para tornar-se pároco estável (*colado*)

1861, 15 de maio – Conclui-se positivamente o pedido de Padre Victor para concorrer a pároco estável

1861, 18 de setembro – Padre Victor é nomeado pároco estável

1861, 8 de dezembro – Padre Victor tem sua investidura como pároco, e tem início o Colégio Sagrada Família

1862, 24 de maio – Construção da igreja Nossa Senhora d'Ajuda

1865-1871 – Guerra do Brasil com o Paraguai

1871, 28 de setembro – A *Lei do Ventre Livre* ou *Lei Rio Branco* decreta que nenhum negro nasce no estado de escravidão

1871 – Padre Victor encontra dom Viçoso a propósito das dívidas (?)

1871-75 – Os fiéis de Três Pontas fazem pedido ao imperador dom Pedro II para nomear Padre Victor cônego da Capela Imperial (?)

1875, 7 de julho – Morre dom Viçoso

1881, 30 de agosto – Pedido da população de Três Pontas a dom Pedro II para nomear Padre Victor cônego

1886, 4 de junho – Padre Victor faz pedido de aposentadoria ou de licença ilimitada por doença. Concedida a licença

1886, depois de 18 de junho – Padre Victor vai tratar-se em Poços de Caldas

1888, 13 de maio – Abolição da escravidão no Brasil

1889, 15 de novembro – Proclamação da República

1893 – A seguir à promulgação da lei que reformava o ensino em Minas Gerais e a abertura de uma escola normal em Três Pontas, Padre Victor decide ceder gratuitamente as salas do Colégio Sagrada Família

1894 – Dois pedidos do mesmo teor são encaminhados, no entanto, separadamente pelos fiéis de Três Pontas, diretamente a Dom Silvério Gomes Pimenta, novo bispo da diocese de Mariana, não vigorando mais o padroado real, para a concessão a Padre Victor do Canonicato do Capítulo da Catedral de Mariana. Foi concedido

1901, primeiro de fevereiro – Padre Victor tem um *ictus*, ou seja, uma diminuição, mais ou menos rápida, das funções do cérebro após uma alteração da circulação do sangue no mesmo, podendo tratar-se da obstrução de uma artéria cerebral, de um derrame ou de uma diminuição temporária do fluxo de sangue.

1905, 20 de setembro – Padre Victor celebra o último funeral

1905, quatro da manhã de 23 de setembro – Padre Victor morre com a idade de 78 anos, 5 meses e 10 dias, depois de ter exercido por 53 anos o seu ministério sacerdotal em Três Pontas

1905, novembro – Pio X nomeia Padre Victor *Cameriere d'Onore* (Camareiro de Honra)

1962, 2 de janeiro – Os restos mortais de Padre Victor são transferidos para uma pequena capela na mesma matriz

1994, 30 de maio – 1995, 31 de maio – Dom Aloísio Roque Oppermann (1991-1996), bispo da diocese da Campanha, institui a Pesquisa Diocesana "sobre vida, virtudes e fama de santidade" de Padre Victor

1998, 12 de junho – Exumação e colocação dos restos mortais na atual capela. Solicitação do Postulador da Causa, frei Paolo Lombardo, ao novo bispo da diocese da Campanha, dom Diamantino Prata de Carvalho (1998-), para uma Pesquisa Supletiva, realizada de 12 de junho a 5 agosto de 1998

2000 – Junto à Congregação para as Causas dos Santos é entregue o Processo sobre vida, virtudes e fama de santidade (*Positio super vita, virtutibus et fama sanctitatis*) de Padre Victor.

2012 – 10 de maio – Reconhecimento da venerabilidade.

2015 – 5 de junho – O Papa Francisco autorizou a Congregação das Causas dos Santos a promulgar o Decreto concernente ao milagre atribuído à intercessão de Francisco de Paula Victor.

2015 – 14 de novembro – Beatificação do Padre Francisco de Paula Victor, filho de escravos.

ORAÇÃO AO BEM-AVENTURADO PADRE VICTOR

*Pai Santo, vós tornastes o bem-aventurado Padre Victor
um sacerdote segundo o Coração de Cristo:
fiel no vosso serviço e dedicado às crianças e aos pobres.
Por sua intercessão, dai-nos santos sacerdotes
e concedei-nos a graça de que mais precisamos [...].
Que o seu testemunho sirva de modelo para nós.
E a Mãe Igreja o eleve à honra dos altares.
Por Cristo nosso Senhor. Amém.
Pai-Nosso, Ave-Maria, Glória.*

Com aprovação Eclesiástica
† fr. Diamantino P. de Carvalho, ofm
Bispo da Diocese da Campanha – MG
10 de maio de 2012

ASSOCIAÇÃO PADRE VICTOR

A Associação Padre Victor foi fundada no dia 24 de outubro de 1996. Em Assembleia Geral, foram eleitos a Diretoria, o Conselho Fiscal e o Conselho Deliberativo.

Trata-se de associação civil, sem fins lucrativos. Seu estatuto foi registrado em 21 de novembro de 1996. A Associação Padre Victor tem por objetivo fazer conhecer a vida e a obra de Padre Victor, como modelo de vivência cristã e sacerdotal, promovendo o seu Processo de Beatificação e Canonização.

Em 24 de maio de 1998, com grande esforço da Associação e a ajuda de padre Luiz Sérgio Mafra, inaugurou-se o "Memorial Padre Victor", na rua Azarias de Brito Sobrinho, n. 61, com a presença do bispo diocesano da Campanha, dom Frei Diamantino Prata de Carvalho. Esse era um grande desejo de todos os trespontanos e romeiros. Hoje, o Memorial Padre Victor está estabelecido na Praça Cônego Victor, n. 45.

Conheça mais sobre a associação visitando o site: www.padrevictor.com.br.

Rua Dona Inácia Uchoa, 62
04110-020 – São Paulo – SP (Brasil)
Tel.: (11) 2125-3500
http://www.paulinas.com.br – editora@paulinas.com.br
Telemarketing e SAC: 0800-7010081

Residência de Marianna Bárbara Ferreira (madrinha de Batismo do Padre Victor), na Rua Direita, em Campanha (MG).

Escola "Sagrada Família" em Três Pontas (MG), fundada por Padre Victor.

Matriz Nossa Senhora d'Ajuda – Três Pontas (MG).
Matriz Restaurada (Praça Cônego Victor).

Túmulo do Padre Victor,
no interior da Matriz Nossa Senhora d'Ajuda, em Três Pontas (MG).

Festa no dia 23 de setembro – aniversário de Morte do Padre Victor –, na Praça Cônego Victor, Três Pontas (MG).

Sede da Associação Padre Victor,
acervo e acolhimento aos devotos e romeiros do Padre Victor.

Memorial Padre Victor
Acervo – Pertences do Padre Victor.

Memorial Padre Victor, sala dos ex-votos.